JN437855

나는 하나님 나라의 택배기사

팔도 농어촌 교회를 향한 선교 순례

나는 하나님 나라의
택배기사

박사라 목사

너희 앞서 행하시는 하나님_신 1:30

한국문서선교회

차례

들어가며 6

1장 농어촌 방문 시작 12

2장 하나님의 명령에 대한 생각 32

3장 농어촌 선교 순례 과정 40

마치며 150

부록 1 농어촌 순례 설교 166

부록 2 나의 목회와 삶 186

들어가며

1) 본서를 펴내게 된 동기

필자는 지난날을 돌아보면서 세월이 어느덧 이렇게 흘렀나 싶었고, 목회를 마쳐야 하는 해가 다가오고 있다는 생각이 들었다. 그런데 어느 날 기도하는 중에 하나님의 지시하심이 있었다. 이를 거부한다면 누구에게 하나님 말씀에 순종하라고 가르칠 수 있겠는가? 하여 지시하심대로 전국 팔도 농어촌 30여 교회를 9번에 걸쳐 방문하기로 마음먹었다. 그들을 대접하고 위로하며 함께하는 시간을 잠시 가지고자 하였다.

내 마음은 농어촌 선교에 대한 깊은 관심뿐만 아니라 농어촌의 어려운 현실에서 사명을 감당하고자 환경에 상관없이 묵묵히 주님 주신 소명을 감당하고자 애쓰는 사역자들의 모습을 그냥 스치고 넘어갈 수 없어 글로써 말하고자 하는 것이다.

저출산으로 인한 인구 감소의 영향이 심각함을 농어촌에선 더 쉽고 빠르게 인지하게 된다. 도시에서의 목회 활동이 쉽지 않음은 누구나 아는 사실이다. 교육부가 축소되거나 교육부 자체가 소멸하는 상황에 놓이기도 한다. 도시 사역도 힘든데 하물며 농어촌은 얼마나 어렵겠는가? 도시 교회들이 농어촌 교회와 목회자들의 심정을 더 헤아리어 관심과 사랑을 베풀어 주었으면 하는 간절한 마음이 있다.

농어촌 교회들이 소멸할 위기에 있음을 강하게 느끼고 눈으로 보게 되었다. 교회 건물은 잘 건축되어 있지만 극소수의 성도만이 남아 있었다. 그럼에도 묵묵히 사명을 감당하는 귀한 목사님들의 말씀을 듣다 보면 눈물을 흘리지 않을 수 없었다. 환경과 상황은 참으로 열악하지만 누구에게도 이를 탓하지 않은 채 견디고 참으며 기도와 말씀을 위로 삼아 전진하는 목회자의 참모습과 마음을 보았기에 본 저서를 펴게 된 것이다.

팔도 농어촌 교회 방문을 통하여 만난 목사들과의 대화, 순례 과정에 있었던 일과 만남의 기쁨, 감동, 눈물을 흘릴 수밖에 없었던 일들을 이 책에 담았다. 쉽지는 않았던 일에도 하나님께서 한없는 기쁨과 행복을 주셨기에 10분, 20분 이상 계속 "감사합니다" 기도하면서 운전할 수밖에 없었다. "오직 감사뿐이었다"로 시작하여 '감사합니다'로 끝맺게 되었다. 부록에는 '하나님께서는 이렇게 하셨습니다'라는 내용을 담은 간단한 설교를 3편 실었다. 나는 부족하지만 하나님께서 사용하셨기 때문에 감사할 수밖에 없었고 어려운 과정도 잘 마무리할 수 있었다.

2) 한 목회자의 팔도 농어촌 교회 방문

30대에 교회를 개척하여 어언 30년이 넘는 시점에 이르렀다. 그러다 보니 내게 한 가지 고민이 생겼다. 내 나이 60대가 되었기에 은퇴하여야 하는 시간이 다가오고 있음을 부인할 수 없었다.

그리하여 어떻게 하면 은퇴하기 전까지 더 나은 사역, 하나님 보시기에 "좋았더라" 하실 만한 사역을 하며 영광을 드릴 수 있을까 하여 고민하다 기도를 통하여 해답을 받고자 2024

년 7월 1일부터 40일 저녁 금식과 철야를 하기로 결정하였다.

나는 그동안 국내외적으로 개척 당시부터 많든 적든 선교에 참여해 왔고, 대부분은 직접 찾아가기보다는 계좌 이체를 통해 도와왔다. 그런데 지난 기도에 응답의 내용은 농어촌 오지에 있는 내 종들을 찾아가서 위로하고 대접하라는 말씀이었다. 그리하여 "예, 하겠습니다"라고 응답하고 주님의 명령을 실행하여야 하는 과정을 구체적으로 계획하였다.

그리고 어느덧 본격적으로 농어촌 오지에서 열심히 사역하는 목사님들을 찾아뵙는 시간이 다가오고 하나님의 지시하심을 시행하려 하니 왠지 설렘과 동시에 독수리 날개 치듯 새 힘이 솟아오르며 우렁찬 소리로 어디선가 찬송이 들려오는 듯 내 마음속에서 흘러넘쳤다. 누군가를 위로하고 섬기며 대접하는 것은 매우 기쁜 일이지만 하나님의 명령에 순종함으로 더욱 기쁨의 강물이 내 삶 속에 파고들어 오는 것 같았다. 목회하는 모든 사역자에게 이러한 마음이 있기에 험난한 목회 현장에서 묵묵히 사명을 감당하고 있다.

찬송 338장 < 내 주를 가까이하게 함은 >

내 주를 가까이하게 함은 십자가 짐 같은 고생이나
내 일생 소원은 늘 찬송하면서 주께 더 나가기 원합니다.

내 고생 하는 것 옛 야곱이 돌베개 베고 잠 같습니다.
꿈에도 소원이 늘 찬송하면서 주께 더 나가기 원합니다.

천성에 가는 길 험하여도 생명 길 되나니 은혜로다.
천사 날 부르니 늘 찬송하면서 주께 더 나가기 원합니다.

야곱이 잠 깨어 일어난 후 돌단을 쌓은 것 본받아서
숨질 때 되도록 늘 찬송하면서 주께 더 나가기 원합니다.

"내가 가는 길을 그가 아시나니 그가 나를 단련하신 후에는
내가 순금같이 되어 나오리라"

(욥 23:10)

1장

농어촌 방문 시작

1

농어촌 방문 시작

1) 40일 저녁 금식과 철야 기도

필자가 10년 전부터 염려하였던 것은 은퇴 후 후임 사역자를 세우는 일이어서 이를 위해 하나님께 기도하게 되었다. 또한 하나님의 인도하심 가운데 여기까지 목회하였기에 은퇴하기 전까지 어떻게 목회하여야 하나님께 더욱 영광을 드릴 수 있고 보람된 사역을 할 수 있을까 하여 이에 관하여도 기도하였다.

단순히 매일 하는 일상적이고 일반적인 기도가 아니라 한 끼라도 금식하고 철야 하며 40일을 기도하자 마음먹어 이를 시작하게 된 것이다. 이러한 제목으로 기도하는 것은 지금까지 목회하여 온 것보다 어찌 보면 더 중요한 일이라고 생각하였기 때문이었다. 주님 오시는 그날까지 본 교회가 견고하게 서기를 간절히 원하였다.

2024년 7월 1일부터 밤 12시에 교회에 나와 두 가지 기도 제목으로 기도하기 시작하였다. 첫째는 은퇴 후 우리 말씀사랑교회에서 사역할 후임자에 관한 것이며 둘째는 앞으로 남은 기간 동안 어떻게 목회하여야 하나님께 영광과 기쁨을 드리며 목회 마무리를 잘할 수 있을지 묻는 기도였다.

늦은 밤 11시 40분이 되면 갈 준비를 하고 교회에 왔다. 늦은 밤에도 더위는 식지 않아 달걀이 프라이가 되도록 익을 것만 같았다. 1층 교육관에서 엎드려 기도하는데 더운 바람이 계속 부는 듯했다. 그렇다고 중단할 수는 없었다. 40일간 견디면서 기도해야 한다는 각오를 반복적으로 하였다. 어느 날은 기도하고 있는데 한 권사님이 교회 문을 열고 들어온 적이 있었다. 본인도 나와 함께 기도하러 왔다는 것이다. 몹시 고마웠다. 이 더위에 집을 나서는 것만으로도 기특하기 짝이 없었다.

2) 필자에게 주신 하나님의 지시하심

저녁 금식과 철야 기도를 계속 진행하던 2024년 7월 24일 새벽 2시 20분 경의 일이었다. 기도하는 가운데 하나님께서 큰 숙제를 주셨다. 하나님께서 나의 입을 통해 말씀하셨다. 그 내용은 농어촌 오지에 있는 하나님의 종들을 찾아가 위로하고 대접하라는 것이었다. 이 내용을 세 차례나 반복하며 기도하게 하시는 것이 아닌가?

진정으로 기도에 대한 응답인지 의문이 생기기도 하였다. 평상시에 상상도 생각하지도 않았던 내용이 입에서 나왔다. 내 입을 통해 말씀하신 것이다. 그렇기에 순간 기도하는 입이 의심되기까지 하였지만 사탄의 방해는 아니라는 생각도 들었다. 사탄은 결코 선한 일을 하게 하는 존재가 아니기 때문이다. 또한 여러 차례 이렇게 말하게 하신 것은 분명 하나님께서 말씀하신 것이라고 생각하였다. 그렇기에 순종하겠다고 하나님께 약속하였다. 기도를 잠시 멈추고 생각한 후 다시 기도하기 시작하였다.

"하나님께서 허락하신 것이라면 무엇인들 못 하겠습니까? 기꺼이 하겠습니다. 그러나 조건이 있습니다. 하나님께서 명하였으니 할 수 있도록 앞서 행하여 주십시오. 그리고 능히 감당할 수 있도록 도와주십시오."

처음 기도를 시작할 때 어떤 말씀이든 하나님께서 명령하시면 순종하겠다고 서원하듯 기도하였는데 이렇게 큰 숙제를 주실 줄은 상상할 수도 없었다. 이제는 순종만이 남았다.

하나님께서 명하시는 일이기에, 해낼 수 있다고 굳게 다짐하였다. 시간도 건강도 물질도 안전도 하나님께서 지키고 보호하시고 모든 것을 허락하실 줄을 믿었다. 하나님께서 명하셨을 때는 그 모든 것이 가능하도록 여건도 허락해 주실 것이라는 마음이 들면서 강한 감동이 넘쳐흘렀다.

3) 순례 시작의 결단

하나님이 명령하셨다. 가서 대접하라 하셨으니 직접 다닐 수밖에 없었다. 가장 쉽고 간편하게 할 수 있는 방법은 여러 교회에 주소, 전화번호, 계좌번호를 물어보아서 대접할 것을 이체하고 물품은 택배로 발송할 수 있었겠지만, 하나님께서 내게 직접 가라고 하신 것은 그만한 이유가 있을 것이라고 생각하였다. 한순간에 할 수 있는 것도 아니기에 구체적으로 일정을 잡아 계획하여 차근차근 다닐 것을 각오하고 시행해 나갔다.

"이 예언의 말씀을 읽는 자와 듣는 자와 그 가운데에
기록한 것을 지키는 자는 복이 있나니"
(계 1:3)

응답받고 차일피일 미루면 안 될 것 같았다. 처음에는 상반기, 하반기로 나눠 1년에 두 지역씩 4년에 걸쳐 행하는 것이 적당하지 않을까 생각하였다. 그런데 내 나이를 고려했을 때 어쩌면 가까운 미래에는 직접 운전하고 다닐 수 없을 것이라는 생각이 들어 2024년 9월 초부터 빠르게 교회들을 방문해야겠다고 결정하였다.

순종은 즉시 시작함이 필요하다는 것을 설교에서 강조하면서 정작 내가 목회자로서 해야 하는 사역을 미루는 것은 결코 옳지 않다고 여겼기에 9월부터 시작하기로 하였다. 9월은 현실적으로도 적절한 때였다. 하계 교회 행사가 마무리된 시점이며 그로부터 2, 3개월 후면 연말이 다가와 신년을 준비하여야 하기에 9월은 마음에 부담이 덜할 것 같았기 때문이었다.

모든 신앙인이 그러하지만 기도는 하나님과 대화요, 영적인 호흡이라 하지 않았던가. 목회자는 항상 기도할 것을 강조한다. 그렇다면 목회자는 더더욱 기도 생활에 한치도 소홀할 수 없지 않겠는가. 이 내용을 기록하면서도 내 마음 깊은 곳에서는 찬송이 흘러나온다. 하나님께서 응답하신 이후 농어촌 오지에서 사역하는 목회자들을 생각하면 때로 외롭고 쓸쓸하고 답답할 때가 많았겠구나 하는 생각이 든다. 물론 도시 목회자라고 다른 것은 결코 아니다. 지난날 생각하지 않았던 농어촌 오지에 계신 목사님들을 생각하며 기도할 때마다 시냇물 흐르듯, 그저 기도를 가득 담아 놓은 그릇에서 흘러넘치듯 기도가 나온다.

찬송 364장 <내 기도 하는 그 시간>

내 기도 하는 그 시간 그때가 가장 즐겁다.
이 세상 근심 걱정에 얽매인 나를 부르사
내 진정소원 주 앞에 낱낱이 바로 아뢰어
큰 불행 당해 슬플 때, 나 위로받게 하시네.

내 기도하는 그 시간 내게는 가장 귀하다.
저 광야 같은 세상을 끝없이 방황하면서
위태한 길로 나갈 때 주께서 나를 이끌어
그 보좌 앞에 나아가 큰 은혜 받게 하시네.

내 기도하는 그 시간 그때가 가장 즐겁다.
이때껏 지은 큰 죄로 내 마음 심히 아파도
참 마음으로 뉘우쳐 다 숨김없이 아뢰면
주 나를 위해 복 주사 새 은혜 부어 주시네.

내 기도하는 그 시간 그때가 가장 즐겁다
주 세상에서 일찍이 저 요란한 곳 피하여
빈 들에서나 산에서 온밤을 새워 지내사
주 예수 친히 기도로 큰 본을 보여주셨네.

4) 전국 30개 교회를 순례하기로 한 것

농어촌 오지라고 하여 구석구석 다닐 수 있는 것은 아니라는 생각이 들었다. 구석구석 모든 교회를 다니려고 한다면 내가 이 땅에 사는 동안 다 하지 못할 것이다. 그래서 30개 교회를 방문하기로 했다고 하면 왜 30인지 궁금해하며 물어보는 분들이 있다. 이는 특별한 이유나 의미가 있는 것은 아니다. 팔도의 농어촌 오지에 있는 교회들을 찾아가라고 말씀하셔서 이를 두고 응답 받은 다음 날 25일부터 3일간 기도하였을 때 내 마음에 강하게 와닿았던 것이 한 지역에 3개 교회를 방문하는 것이 적절하겠다는 것이었다.

그렇게 되면 총 24개 교회겠지만 여러 변수와 사정 및 혹 교회가 추가될 수 있는 상황도 있겠다 싶어서 모두 30개 교회를 방문하기로 하였다. 사실 그 수가 중요한 것이 아님은 분명하다. 어찌하든 나는 그저 하나님이 원하시는 방향으로만 따라가고자 할 뿐이기에 주님의 인도하심에 따르는 것이 중요할 것이다. 성경에 아브라함은 나그네 대접하는 것도 소홀함 없이 정성을 다하였다. 이러한 마음가짐으로 방문하는 교회가 많고 적은 것이 중요한 것이 아니라 정성을 다하는 것이 중요하다고 생각하였다.

5) 방문 대상 교회는 교파 불문

이단에 속하지 아니하고 순수하게 하나님 말씀을 중심으로 하며 정통 개신교 교단에 속해 있는 목사님의 사역지라면 따지지 않고 방문하기로 하였다. 30개 교회를 정하는 데 있어서 기준으로 삼은 것은 '농어촌 오지에서 사역하시는 교회의 목회자일 것'뿐이었다. 내가 소속한 교단의 목회자만 찾아 방문한 것이 아니다. 초교파적으로 교회를 선택하였다. 하나님께서 교단을 선택하여 말씀하신 것이 아니기 때문이다. '내 종들'이라고 하셨기에 이를 중심으로 하여 초교파적으로 교회들을 찾아가 목사님들을 뵙고 마음과 정성을 다하여 대접하려 마음먹었다.

사역에 있어 첫 번째 관문으로 먼저 해결되어야 할 것은 자금이었는데 하나님께서 1개월 만에 해결하심에 앞으로 더욱 열심히 기도할 것이 남아 있었다. "주님의 명령하심에 절대적으로 순종하겠으니 다닐 수 있는 여건을 허락하여 주십시오." 라는 기도였다. 구체적으로는 다음과 같이 기도하였다.

* 운전하며 전국을 순회할 때, 안전한 운행이 이루어질 수 있도록.
* 사역을 마칠 때까지 건강을 허락하여 주시길.
* 선교 자금이 해결될 수 있도록.
* 사탄이 방해하지 않도록 천군 천사를 제게 보내주시기를.

이러한 기도 제목을 놓고 나는 한 치의 소홀함 없이 열정을 다해 기도하였으며 우리 성도들 역시 협력하여 함께 기도하였다.

주님의 명령하심을 받은 다음날 24일, 나는 그저 감사의 눈물을 흘릴 뿐이었다. 부족하고 보잘것없는 내게 이런 사명을 주시는지, 내가 무어라고 위로와 격려를 할 수 있단 말인지 감동을 느끼게 되었다. 마음이 벅차오르고 30대 초반처럼 내 마음과 생각에 지난날 없던 활기가 차올랐다. 평상시 이렇게 흥겨운 느낌이 자주 있었던가. 아니있다. 그냥 시춘기 소녀처럼 기뻤고 오래전 내 나이 13세에 세상을 떠나신 엄마가 살아나셨다는 소식을 듣고 만나러 가는 기분 같기도 하였다. 왜? 난 지금도 엄마가 보고 싶고 그립다. 이 기쁜 감정 가운데서도 기도하게 된다.

반드시 잘 수행하리라는 다짐과 내게 이런 숙제를 주신 주님께 감사의 마음을 느꼈다. 끝에는 주님께서 주신 숙제를 잘 완료하여 '착하고 충성된 종아, 잘 하였도다.'라는 칭찬을 듣고 싶었다. 주님의 옷자락을 붙잡고 한없이 감사의 눈물을 흘리며 이 일을 할 수 있도록 나를 선택하여 주신 것에 무한히 감사하여 영광과 찬송을 드리고 싶을 뿐이었다.

기도하면서 이 순례 과정이 나의 목회를 마무리하여 가는 것임을 알게 되었다. 몇 년 동안 하루도 빠지지 않고 기도하며 하나님께 물었는데 아무런 말씀이 없으셨다. 그런데 이번 40일 저녁 금식과 철야를 통하여 하나님의 메시지가 이르렀다. 복음을 위하여 전국 오지에서 목회하며 복음 사역에 충성을 다하는 하나님의 종들을 찾아가 위로하고 격려하라는 메시지는 힘들고 어려운 과제다. 그렇지만 나는 반드시 하나님의 명령에 순종함이 마땅하기에 이를 받아들이고 7월 23일 날이 밝자 계획하기 시작하였다.

6) 선교 자금, 예산 확보

선교 자금은 교회 모든 성도님께 협조를 요청하기로 하였다.

2024년 7월 28일, 주일 오전 예배 교회 소식을 전할 때, 저녁 금식과 40일 철야를 하던 중 하나님께서 기도 응답으로 농어촌 오지에서 목회하는 하나님의 종들을 대접하라는 응답을 주셨고 여러분이 마음에 부담을 가지지 말고 편한 마음으로 협조하여 주면 좋겠다고 한 번만 도움을 요청하였다. 자주 협조를 요청하게 되면 오히려 역효과가 발생할 수 있고 하나님의 인도하심이 아닌 인간적인 방법이라고 생각되기 때문이다.

그런데 하나님의 계획하심과 명령하심에 순종하는 것에는 기적이 안 일어날 수가 없었다. 8월 23일 자로 하여 예산으로 설정한 금액을 넘었다. 딱 1개월 만에 달성한 것이다. 부족함이 없도록 넘치게 허락하심은 하나님의 은혜였고 축복이었으며, 하나님은 앞서 행하시어 일하시며 기도하고 있는 내게는 나중에 응답으로 말씀하셨던 것이다. 눈물을 흘리지 않을 수 없는 일이었고 감동이 벅차올랐다. 이제 준비하고 나아가는 일만 남은 것이다.

전국을 운전하며 다닐 수 있도록 도와주시고 경제적인 모든 부분에 있어서 허락하여 주시기를 기도하였을 때 하나님께서 이토록 1개월 만에 완벽하게 허락하여 주심은 놀라지 않을 수 없는 일이었다. 물론 하나님께서 계획하신 일이기에 될 수밖에 없지만 신속하게 이뤄주셨다. 분명 하나님께서 가능케 하신 일임을 알 수 있었다. 힘들고 어렵더라도 거부할 수 없는 하나님의 지시하심을 지켜 행하는 것은 목회 현장 다음으로 중대 사안이다. 이를 잘 마치도록 이끄시기 위해 아무것도 염려하지 않도록 넘치는 예산을 허락해 주신 것이다.

성경의 많은 인물이 자기 의지와 상관없이 하나님의 명령에 순종하였고 하나님께서는 일하셨다. 대표적으로 아브라함, 모세, 여호수아 등등의 인물들을 통해 알 수 있다. 아브라함은 가야 할 바를 알지 못하고 하나님의 명령에 순종하였고, 그로 인하여 믿음의 조상, 복의 근원이 된 것이다. 이에 비하면 나는 가야 할 바를 알고 있으니 얼마나 쉬운가. 단, 먼 길을 손수 운전하고 다녀야 하는 힘듦은 있을지라도 이것은 쉬어가면서 하면 되기에 문제 되지 않으며 오직 감사뿐이었다.

하나님의 명령은, 대한민국 팔도강산 중 가장 오지라고 할 수 있는 지역에서 복음 전파에 열정을 가지고 사명을 감당하고 있는 하나님의 종들을 찾아가서 위로하고 격려하며 대접하라는 것이었다. 어린 소자에게 냉수 한 그릇을 주는 것도 결단코 상을 잊지 않겠다고 하셨던 예수님, 뜻밖에 주신 하나님의 말씀에 외면도 부정도 할 수 없는 일, 기도하면서 무엇이든 명령만 하시면 순종하겠다고 하였기에 뭐라고 반문도 할 수 없는 주님의 명령이다.

아브라함은 나그네 대접하기를 서슴지 않았으며, 어느 날 지나가는 나그네를 대접하다 부지중에 천사를 대접하게 되었는데 자식이 없던 아브라함은 아들을 낳게 되리라는 약속을 받았다. 또한 조카가 있는 소돔과 고모라 땅이 불의 심판을 받게 된다는 말을 들은 후 조카를 구원해 내는 축복을 받았다. 이처럼 하나님께서 나를 향한 어떤 계획이 있으셔서 이 일을 맡기셨다면 불평 없이 감사함으로 잘 끝내야 한다고 생각하게 된다.

어린 사무엘이 성전에 있을 때 하나님께서 그를 불렀다. 그가 세 번이나 엘리 제사장에게 가서 "나를 부르셨습니까" 하자 엘리 제사장은 "아니다" 하고 다시 누가 부르면 '내가 여기 있나이다 말씀하옵소서'라고 하라고 가르쳤다. 내가 기도하였던 내용과 별개로, 나의 의지와 상관없이 하나님께서는 나에게 전국 팔도강산을 다니며 목사님들을 찾아가서 위로하고 대접하며 섬기겠다는 기도를 하게 하셨다. 그 기도를 하였을 때 나는 놀라서 기도를 멈추고 생각에 잠기게 되었다. 하나님께서 어찌 이런 숙제를 주시는가. 지난 40일 금식뿐 아니라. 33일, 30일 21일 등등의 기도를 할 때 언제 내 의지로 하는 것이 있었던가. 결코 그렇지 않으며 오직 하나님의 능력으로만 가능하였다.

그런데 단 한 번은 달랐던 적이 있었다. 그로 인하여 큰 곤혹을 겪기도 하였다. 교회 건축하기 전 21일 금식하는 때가 있었는데 이 금식은 순전히 나의 인간적인 생각에서 건축을 위하여 하였던 금식이었다. 7일쯤 되었을 때 본당 성전에서 기도하고 있는데 어느 순간 앞이 보이지 않았다. 웬일인가. 어찌 앞이 보이지 않는단 말인가.

답답해하고 있을 때 마침 누군가 본당에 들어오는 문소리가 들리는 소리가 아닌가 그래서 내가 물었다.

"누구세요."

"예! 목사님 저는 오경만 집사입니다. 출근하는 길에 잠깐 기도하고 가려고요."

"아~ 예 그러세요. 그런데, 집사님 제가 지금 앞이 보이지 않아서 사무실로 갈 수가 없으니 기도하시고 가세요."

"목사님! 왜, 앞이 보이지 않으시는 것입니까."

"제가 지금 21일 금식 기도 중이잖아요. 나중에 말씀하여 드릴게요."

"그럼, 제가 어떻게 해 드릴까요."

"아닙니다. 괜찮습니다. 제가 조금 후에 조심히 사무실로 갈게요. 듣고 말하고 걷는 것은 가능한데, 앞이 보이지 않는 것뿐입니다."

한참 후 더듬더듬 조심히 2층 본당 계단을 내려가는데, 오경만 집사님이 아직도 출근하지 않고 계셨다.

"목사님 괜찮으세요."

"아니 아직도 출근하지 않으신 것입니까."

거의 시간이 30-40분은 지난 것 같은데 걱정스러워서 출근을 못하셨던 것이다.

"그럼 집사님! 사무실 문만 좀 열어 주십시오."

나는 더듬거리며 사무실에 들어와 소파에 누워 눈을 감고 5분쯤 지났을 때 내가 내 입으로 외쳤다. "통탄하노라!" 하나님께서 내 입을 열어 말씀하셨다. 내가 인간적인 방법으로 금식하고 있는 것이 얼마나 한심하셨는지 '통탄'하신다는 것이다.

나는 내가 얼마나 어리석었는지 깨달았다. 주님의 지시 없이 건축하게 해달라고 하는 행위 자체가 어리석었던 것이다. 하나님께서 명하는 금식이 아니면 얼마나 위험한지를 더욱 강하게 깊이 느끼게 되었고 그제야 회개하였다. 소파에 앉아 한참을 기도하고 나서야 보이지 않았던 눈에 사물이 들어왔다.

일반 기도든 금식 기도든 결코 인간적인 생각과 감정으로 하면 안 된다는 것을 익히 알고 있었지만 어리석게 행동하고 말았던 것이다. 머리로 알면 무슨 소용이 있겠는가. 바르게 행하지 않으면 아무 소용이 없다는 것을 더욱 깊이 반성하고 회개하였다.

한없는 하나님의 은혜를 받아 누려 왔기에 무엇이든지 명령만 있다면 거부할 수 없는 일이 아니겠는가. 내가 누려왔던 것이 너무나도 많다, 눈물을 흘리는 것도 아픔과 고난과 시련만이겠는가. 웃게 하시고 맛있게 먹게 하는 것, 한밤중에 길 가다 느낀 것이 하나님께서 나와 동행하심임을 알 때 소리 없이 눈물을 흘리기도 한다. 농어촌 오지를 가야 한다는 자체도 주님의 큰 은혜를 입은 것이기에 찬송으로 기도하게 된다.

찬송 438 < 내 영혼이 은총 입어 >

내 영혼이 은총 입어 중한 죄짐 벗고 보니
슬픔 많은 이 세상도 천국으로 화하도다.
할렐루야 찬양하세. 내 모든 죄 사함받고
주 예수와 동행하니 그 어디나 하늘나라

주의 얼굴 뵙기 전에 멀리 뵈던 하늘나라
내 맘속에 이뤄지니 날로날로 가깝도다.
할렐루야 찬양하세. 내 모든 죄 사함받고
주 예수와 동행하니 그 어디나 하늘나라

높은 산이 거친 들이 초막이나 궁궐이나

내 주 예수 모신 곳이 그 어디나 하늘나라
할렐루야 찬양하세. 내 모든 죄 사함받고
주 예수와 동행하니 그 어디나 하늘나라

숨을 쉬며 취침하는 그 순간도 하나님의 은혜임을 더욱 감사하게 되고 하나님의 은혜 없이는 살아갈 수 없는 존재임을 절실히 인식하게 된다.

2장

하나님의 명령에 대한 생각

2

하나님의 명령에 대한 생각

1) 하나님의 지시하심을 받고

아브라함은 하나님의 지시하심에 따라 목적지를 알지 못한 채 본토 친척 아비 집을 떠나 나왔다. 나 역시 아무것도 모른다. 그러나 하나님의 지시를 받았기에 이 과정을 뚫고 나가야 한다. 그런데 시작하여 보려 하니 여러 힘듦이 있음을 발견하였다. 힘듦이 없을 수는 없는 일이다. 선한 일을 한다고 하여 수월하게 될 수 있는 것은 결코 아니라는 것을 깊이 느꼈다. 고됨에 부딪히다 보니 내가 이러한 부분을 기도하지 않았음을 발견하게 되어 또 하나를 배우게 되었다. 베푸는 과정에 더 겸손하고 철저하게 섬기는 마음과 자세로 해야 하는 것은 가장 기본임을 되새긴다. 응답받은 이후 나는 참으로 기쁘고 즐거운데 하나님께 궁금할 뿐이다.

"왜 나를 선택하셨고 왜 이 일을 내게 맡기셨습니까, 하나님! 말씀하여 주십시오. 저보다 훨씬 능력이 있고, 모든 것이 구비되어 있는 교회와 목회자가 많은데 많이 부족하고 힘이 없는 저에게 이렇게 하게 하시는지요? 주님! 싫어하는 것이 아닙니다. 기쁨으로 하는데 선택적인 면이 궁금하고 앞으로 저를 통해서 하실 일이 어떤 것인지 알고 싶습니다."

이러한 계속된 기도로 하나님께 아뢰었다.

2) 전국 순회 교회를 정하는 데 있어서의 난관

2024년 여름은 73년 만의 더위라고들 뉴스에서 말했었다. 유난히도 덥고 힘들었다. 9월이 되었는데도 더위는 식을 기미를 보이지 않고 사람을 지치게 만들었다. 5월부터 덥기 시작한 여름이 9월에 접어들었음에도 여전히 한여름이고 심지어 지난해 여름보나 너 더워 보통 36~39도까지 올라갔다. 이제는 1년 사계절이 아니라 겨울과 여름으로만 계절이 끝나지 않겠는가 싶을 정도였다.

이런 가운데 사람들의 삶은 힘들고 어려운 생활에 지쳐 있었다. 물가는 날마다 상승하고 자영업자는 무너져 가고 주변 상가는 텅텅 비어 간다. 또한 우리 사회의 가장 큰 문제는 젊은이들이 결혼하지 않으려 하고, 하더라도 양육과 교육에 부담을 느껴 출산하지 않으려 한다는 것이다. 출산율이 낮다 보니 산부인과가 줄어들고 유치원이 줄어든다. 이어서 초, 중, 고, 대학생들이 줄어들면 자동으로 학교도 줄어들게 된다. 그뿐만이 아니라 중요한 것은 교회 초, 중, 고, 청년부가 무너지고 젊은 성도가 줄면서 65~80대가 교인의 대부분을 이루어가고 있으니, 교회 역시 앞으로 심각한 상황에 이르게 되지 않을까 싶다.

이러한 때에 나 역시 여러 가지 목회적인 측면으로 염려 걱정이 앞섰다. 기도는 하지만 어떻게 하여야 하는지 마음과 정신은 방황할 뿐이었다.

3) 선한 일, 하나님의 계획하신 일이라고 난관이 없는 것은 아니다

나는 일의 시작점에서부터 스스로 매우 어리석고 미련하다는 것을 느꼈다. 처음에 명령하심에 충실히 순종하기 위해 열정을 갖고 일을 시작하였다. 처음엔 어느 교회든 전화하면 반가이 받아 순조롭게 통화하며 사역에 관한 이야기를 할 수 있다고 생각하였던 것이 얼마나 무지하였는지 뒤늦게 깨달았다. 구체적이고 섬세하게 기도할 필요가 있던 부분이 이것이었다. 관련하여 뒤늦게 깨달은 것은 나를 아는 목회자는 소통에 아무런 장애가 없고 서로 간 신뢰가 쌓여있기에 교류가 자연스럽게 이뤄질 수 있지만, 이와는 전혀 다르다는 점이었다.

4) 만나야 할 목사님들 반응

필자가 찾아뵐 목사님들을 인터넷 검색을 통하여 알아낸 번호로 전화하거나 지인을 통해서 연락을 드렸을 때 두 가지 반응을 보이셨다. 첫째는 무엇 때문에 찾아오는지 경계하였으며 둘째는 어떤 계획으로 오려는 것인지에 대해 의문을 품었다. 찾아뵙고 대접하는 것 외에는 목적이 없다고 말씀드려도 믿지 않으셨다.

어느 지역에서는 한 교회 목회자에게 방문을 희망한다고 하니 교회가 어렵지 않고 넉넉하다고 여러 번 말씀하여서 그대로 통화를 마무리하기도 하였다.

그날 저녁에 철야를 하면서 세심하게 기도하게 되었다. 목회자와 통화할 때 원활하게 할 수 있도록, 그리고 마무리할 때까지 기쁘고 즐거운 마음으로 할 수 있도록, 안전하게 장거리를 운행하며 피곤치 않고 주님이 주신 능력으로 능히 넉넉하게 할 수 있도록 도와 달라고 기도하게 되었다. 나는 깨달은 바가 있었다. 지난날 기도를 많이 하였다고 자만하지는 않았는지 반성하게 되었다. 이후 기도엔 한 가지가 추가되었다. 교만은 금물이라는 것을 끊임없이 되뇌며 기도하게 되었다.

5) 나는 지난날 농어촌 선교나 목회자를 위해 기도한 적 있나?

나는 회개하였다. 해외선교는 오랜 세월 동안 해왔고 시골에서 목회하는 지인에게 후원하기도 하였다. 그러나 농어촌 선교에 대한 구체적이고 포괄적인 관심을 두지 못하였다. 하나님께서 당신의 종들을 향한 사랑을 가지고 계시기에 이러한 부분에 대해 부족한 나에게 명하신 것이었다.

바울 사도는 자신은 만삭이 되기 전에 태어났다고 하였다. 그런 자신을 불러 이방인에 복음을 전파하는 사도로 불러주신 것에 대하여 감사하며 눈물을 흘렸다. 그보다 더 연약하고 쓰러지기 쉬운 나를 귀한 목사님들을 찾아가 위로하고 대접하라 하신 것에 나는 감사치 않을 수 없었다. 험난한 과정이 될 수도 있고 예상치 못하는 일을 겪을 수도 있다 하더라도 감사하므로 이겨가 함을 깊이 다짐하게 된다.

바울 사도는 감옥에서도, 갖은 핍박과 고통 가운데서도 여러 교회에 오히려 위로의 편지를 보내지 않았던가. 바울 사도의 사역을 닮아가는 사역이어야 하지 않을까. 그렇다면 숨 쉬는 모든 순간이 하나님의 은혜임을 감사하여야 한다고 외쳐본다. 60이 넘도록 살아온 과정은 하나님의 보호하심과 인도하심이 없이는 살아올 수 없었다. 찬송가 가사처럼 지금까지 지내온 것이 하나님의 놀라우신 은혜다. 하나님의 은혜를 사모하는 마음 다음으로 일찍이 내 곁을 떠나신 어머니에 대한 그리움으로 살아왔다. 그런데 하나님은 보잘것없는 사람을 일꾼으로 부르시고 지금까지(지하에서 개척하여 건축까지 이르게 하심) 주님의 놀라우신 은혜를 입었는데 어찌 팔도 명령을 어길 수 있겠는가. '예'하지 않는다면 하나님의 은혜를 받았다고 말하는 자체가 거짓에 불과하다. 말로만 하는 은혜는 있을 수 없지 않겠는가.

찬송 301장 < 지금까지 지내온 것 >

지금까지 지내온 것 주의 크신 은혜라.
한이 없는 주의 사랑 어찌 이루 말하랴.
자나 깨나 주의 손이 항상 살펴 주시고
모든 일을 주 안에서 형통하게 하시네.

몸도 맘도 연약하나 새 힘 받아 살았네.
물 붓듯이 부으시는 주의 은혜 족하다.
사랑 없는 거리에나 험한 산길 헤맬 때
주의 손을 굳게 잡고 찬송하며 가리라.

주님 다시 뵈올 날이 날로 날로 다가와
무거운 짐 주께 맡겨 벗을 날도 멀잖네.
나를 위해 예비하신 고향집에 돌아가
아버지의 품 안에서 영원토록 살리라.

3장

농어촌 선교 순례 과정

3

농어촌 선교 순례 과정

1차. 전남 해남과 신안군 비금도

전라남도 해남군의 한 교회에 전화하여 그 지역을 여행차 가게 되어 교회를 방문하려 하는데 괜찮을지 물었다. 서울에서 목회하고 있는 목회자라고 나를 소개하고 나의 고향이 그곳이고 해서 방문하여 목사님께 대접도 하려고 한다고 말씀드렸다. 답변은 먹고살 만하니 부족한 곳을 찾아가서 대접하라는 것이었다. 순간 이런 생각이 들었다. 이렇게까지 냉정하게 하실 필요가 있을까 싶었다. 그렇지만 목사님이 냉정하게 거절하신 것은 세상이 변하였기 때문이라는 것은 부인할 수 없었다. 목사님 마음이 냉정하여서가 아니다. 사이비, 이단, 특히 신천지로 인하여 지난 세월 동안 우리 개신교는 곤욕을 치렀다. 혹, 이단은 아닐까, 다단계 장사꾼은 아닐까, 사기꾼은 아닐지 생각할 수 있겠구나 싶었다. 세상의 변화에 사람의 마음은 쉽게 사람을 믿을 수 없게 된 것이다. 충분히 이해할 수 있었다.

두 번째로 연락한 교회는 신안군에 있는 교회였다. 교회 번호로 전화했지만 받지 않았다. 어떻게 해야 잘할 수 있을까 한참 생각에 잠겨 있는데 모르는 번호로 연락이 왔다. 그 교회 사모님이셨다. 너무 반가워하시며 이런저런 교회에 관련된 내용과 개인적인 얘기를 50분가량 말씀하시는 것이었다. 사람이 없어 외로운 것이 아니라 외지 사람에 대한 그리움이 크다고 하셨다.

그곳에 정착하신 지는 20여 년 되었으며 현재 사역하는 교회에서는 9년 되었다고 했다. 사역 관련해서도 원활하게 이야기가 되었으며 너무나 반가웠고 기다리겠다고 하셨다. 그런데 웬일인가. 통화 이후 2주 정도 지난 무렵, 안부 전화를 드렸지만 받지 않으셨다. 문자를 보냈으나 답이 없었다. 방문을 원치 않는 것은 아닌지 생각이 들었다. 그래서 방문을 원치 않으시면 하지 않겠다고 문자를 보냈다. 그랬더니 답장이 왔다. 코로나에 걸리기도 하였고 여러 일로 9월 말까지는 너무 바쁘다는 것이다. 그러나 방문한다면 점심을 예약하겠다고 하셨다. 그러면서 사도 바울과 같은 귀한 헌신의 사역에 매진하시니 은혜가 넘침을 느낄 수 있다고 하셨다. 관광지라 예약이 필수라고 출발 때 전화 주면 배 시간표를 보내겠다고 하셨다. 8월 22일 저녁의 일이었다.

하나님께서 심히 부족하고 연약한 당신의 종인 나를 택배기사로 선택하여 불러주시고 농어촌 오지에서 사역하시는 당신의 종들을 찾아가 위로하고 대접하라고 하셨다. 전도사 때부터 지금까지 교회를 개척하고 사역한 기간은 30년을 넘어 40년을 향하여 가지만, 이번 기도에 대한 응답은 직접 농어촌 오지에 있는 교회들을 찾아가서 대접하라는 명령이기에 순종하게 되었다. 직접 복음을 전하고 영혼을 살리는 일만이 아니라 목회자들을 대접하라는 숙제를 안겨주시고 직접 배달하게 하신 것이다. 나는 택배기사로 온전히 순종하고자 했다.

요즘 우리 사회에는 택배 문화가 정착하였다. 모든 것이 택배로 배송된다. 과거에는 우체국에서 우편물을 보내고 집배원이 배달하였다면 이제는 그런 차원을 넘어 우체국도 소포와 택배 서비스가 구분되어 있다. 그리고 일반 택배 회사도 많다. 오늘 저녁에 물건을 주문하여도 내일 새벽이면 도착하는 급속도로 빠른 택배 서비스가 최고를 이루고 있다. 나 역시 이처럼 하나님께 택배기사로 부름받은 자로서 하나님께서 주신 마음의 감동대로 준비하여 차에 싣고 달려갈 것이다.

귀한 하나님의 복음 사역자들을 위해 몸에 좋은 것들과 금일봉을 가지고 방문하고자 계획하였다. 준비하는 과정은 설레는 마음으로 가득하였다. 하나님께 감사할 뿐이었다. 이런 마음이 하나님의 부르심과 선택함을 입은 자의 마음인 것인가. 나를 하나님의 택배기사로 사용하신 목적은 나를 색다르게 훈련하시기 위함이라고 생각하였다. 나는 너무 부족하여 새로운 그릇으로 바뀌기 어려우니 다른 색을 입혀서 일하게 하시려는 뜻이라고 생각하였다. 하나님의 필요한 사람이 될 수 있다면 어떤 훈련인들 받지 못하겠는가. 나는 하리라고 굳게 다짐했다. 중간에 포기란 있을 수 없다.

나는 이렇게 외치고 싶었다. '하나님 나라의 택배기사로서 임무를 잘 수행하겠습니다!' 이렇게 마음만 먹어도 눈물이 자꾸 나온다. 보잘것없는 자를 하나님의 택배기사로 선택하여 주시어 새로운 사역을 할 수 있게 하심에 무한히 감사드리게 되었다. 이 사역을 마무리하는 기간은 계획하고 있지만, 중간에 어떤 변수가 발생할 수도 있음을 배제할 수 없었다. 기간에 상관없이 반드시 최선을 다해서 아름다운 마무리를 하고 나의 목회 사역에도 지장이 없도록 해야 한다. 지체할 수는 없는 일이었다.

직접 운전하고 다녀야 하는데 한 살이라도 더 나이 들면 운전하기도 힘들지 않을까 싶었다. 더 나아가서는 힘들고 어려울수록 나태해지지 않을까 싶어 부지런히 최대한 서둘러야겠다고 생각하였다. 일단 1~2개월에 한 지역씩은 다녀야 하지 않을까 싶기도 하지만 진행하면서 경험을 통해 더 구체적으로 계획을 세워, 최선을 다하여 정성껏 드릴 선물을 준비하고 하나님의 마음을 흡족하게 해드리고 싶었다. 그리고 귀한 목사님들이 기쁘시도록 위로하여 드리고 싶다.

설렘의 마음을 가지고 8월 20일부터 서서히 순례 준비를 하기 시작하였다. 지출 담당 기관과 회의를 하고 지출 방향을 결정해 나갔다.

택배 배송 시작

전국 농어촌 오지에 있는 30개 교회 순례의 시작은 2024년 9월 2일 새벽 6시이었다. 나는 새벽예배를 마치고 출발하였다. 택배기사로 첫 출근을 시작한 것이다. 차에 이것저것 싣고 이국경 권사와 출발하려고 한다. 먼 장거리를 운전해야 하는 어려움이 있지만 그것은 문제가 되지 않았다. 하나님께서 귀한 목사님들을 대접하라고 하신 것이기에 그저 기쁘고 즐겁다. 이 선교 사업은 하나님의 지시하심으로 시작한 것이니, 최대한 열심히 하여 2026년 상반기에 마무리하는 것을 목표로 하되 더 빠르게 할 수 있으면 하려고 했다.

24년 여름은 유난히도 뜨겁고 열기가 식을 줄 몰랐다. 9월인데도 한여름과 다를 바 없는 더위였다. 가는 길에 비가 조금씩 내렸다. 그럼에도 온도는 35도에 다다랐다. 고속도로에 들어서자 비는 쏟아지기 시작했다. 비가 세차게 와주는 것이 감사했다. 강한 햇볕으로 차 앞 유리가 열을 받아 에어컨을 켜도 얼굴이 뜨거웠는데 하늘이 구름으로 가득해지면서 운전하기는 매우 좋은 날씨가 되었다. 이 또한 감사하였다. 이 놀라운 섭리 가운데 시작되었다. 그러나 긴장은 놓을 수 없다. 매

순간 기도하는 마음으로 하나님의 도우심을 구하여야 하기 때문이다.

전라남도에서 우리나라 가장 끝자락 지역을 방문하게 되는데 첫 번째 지역은 해남과 신안군에 있는 한 섬 안에 있는 교회다. 서울에서 신안 암태 선착장에 이르기까지는 400여 km이다. 설레고 감사한 마음으로 하나님의 명령하심에 순종할 뿐이다.

찬송 412장 < 내 영혼의 그윽히 깊은 데서 >

내 영혼의 그윽히 깊은 데서 맑은 가락이 울려 나네.
하늘 곡조가 언제나 흘러나와 내 영혼을 고이 싸네.
평화 평화로다. 하늘 위에서 내려오네.
그 사랑의 물결이 영원토록 내 영혼은 덮으소서

내 맘속에 솟아난 이 평화는 깊이 묻히인 보배로다.
나의 보화를 캐내어 가져갈 자 그 아무도 없으리라.
평화 평화로다. 하늘 위에서 내려오네.
그 사랑의 물결이 영원토록 내 영혼을 덮으소서.

내 영혼에 평화가 넘쳐남은 주의 큰 복을 받음이라.
내가 주야로 주님과 함께 있어 내 영혼이 편히 쉬네.
평화 평화로다. 하늘 위에서 내려오네.
그 사랑의 물결이 영원토록 내 영혼을 덮으소서.

이 땅 위에 험한 길 가는 동안 참된 평화가 어디 있나.
우리 모두 다 예수를 친구삼아 참 평화를 누리겠네.
평화 평화로다. 하늘 위에서 내려오네.
그 사랑의 물결이 영원토록 내 영혼을 덮으소서.

전남 해남에 있는 교회는 이틀 전, 방문을 거절하셨다. 굳이 올 필요 없다고 강력하게 거절하셨다. 현실이 이렇게 냉정하다는 것인가 생각할 수 있지만 시대가 그렇게 되었음을 부인할 수가 없다. 급격하게 이단들로 한국 교회가 몸살을 치러왔기 때문이기도 하다. 거짓으로 사기 치는 일도 있기 때문 아니겠는가. 무엇 때문에 이유 없이 서울에서 땅끝 해남까지 온다는 것인가. 충분히 이해된다. 이제 해남은 제외하고 신안군으로 가야 한다. 신안군에는 비금도라는 섬이 있고 이에 위치한 교회 몇 군데를 방문하기로 계획하였다.

첫 번째 통화했던 그 교회를 먼저 가기로 하였다. 2024년 9월 1일까지 문자를 주고받으며 소통을 마무리하고 2024년 9월 2일 새벽 6시에 출발하였다. 설렘으로 감사한 마음을 가득 담고 첫발을 내디뎠다. 비록 쉬운 일을 아니지만 하나님 말씀에 순종한다는 그 자체로 스스로에게 지지하며 이국경 권사님과 시작의 발을 내디뎠다. 어두움의 터널을 뚫고 서서히 달리기 시작했다. 7시가 되려 하니 해가 빨갛고 찬란하게 떠오르면서 라이트를 끄고 밝아지는 고속도로에 접하는 시점에 다다랐다.

고속도로에 접어들어 열심히 달리고 달렸고 휴게소에서 지체하는 시간도 아까워 낭비하지 않았다. 이날 차 안에는 목사님께 드리기 위한 여러 종류의 건강식품과 냉동된 곰탕, 그리고 금일봉이 있었다. 이것을 드릴 수 있다는 것이 감사하기에 눈물이 자꾸 흘러나왔다. 열심히 달려가던 중 전방 100km 남았을 때 방문하려는 교회 사모님에게서 전화가 왔다.

광주에 있는 장례식장에 가야 하기에 오늘 만날 수 없다는 것이었다. 지인이 돌아가셨기 때문이라고 하였다. 또한 목사님은 지역 목사님들 모임이 있어 외출 중이라 만날 수 없다는 것이었다. 함께 만나야 할 목사님도 만날 수 없게 되었다. 몇 시에 귀가하는지 물었더니 저녁이나 되어야 한다는 것이었다. 그래서 다른 교회들에 전화하였는데 마찬가지로 모두 일정이 맞지 않아 만나기 어렵다고 하셨다.

나는 "그러세요. 그럼 어쩔 수 없지요"라고 말씀드린 뒤, 조심스레 사모님께 여쭈었다. "그런데 사모님, 제가 가져온 물품이 여러 가지가 있습니다. 특히 곰탕은 날씨가 더워 상할 수 있는데 어떻게 할까요?" 사모님이 말씀하셨다. "아, 그러세요? 그럼 목포 세무서 앞에 ○○○○식당이 있으니 거기에 맡겨 두세요. 제가 찾아가겠습니다."

전화를 끊고 심호흡하고 동행한 권사님께 말씀드렸다.

"권사님 우리가 방문할 교회들이 갈 수가 없게 되었어요. 비금도에서 함께 만나고자 하는 교회들도 만날 수 없다고 하고 이외 다른 교회도 급하게 가야 할 일이 있다고 하네요. 우리는 하나님 말씀에 순종하여 시작하였으나 상황이 어쩔 수 없게 되었네요. 여기서 서울로 가기보단 다 왔는데 여행이나 합시다. 하나님이 여행하라고 보내셨나 봅니다."

긍정적으로 생각하기로 하였다. 권사님도 그러자고 하셨다. 모세가 홍해 바다에 발을 내디뎠을 때 홍해가 갈라지지 않았는가. 참으로 눈물 나고 어처구니없는 상황이지만 변수가 있을 줄 예상하였다. 선한 일을 한다고 하여 모든 것이 수월하겠는가. 앞으로 남은 목회를 위한 훈련이라고 생각하게 된다. 강한 훈련을 통하여 또 새로운 것을 배우고 발견하고 터득하게 되지 않겠는가. 어찌 되었든 간에 함께한 권사님께 미안하고 죄송하였다.

그러나 여기서 가만히 낙심하고 좌절하고 있을 수는 없다. 주님 일에 결코 포기는 없다. 무슨 일이든 하다 보면 순탄하지만은 않다. 예상치 못한 일은 언제든지 있기 마련이다. 슬픈 일이든 기쁜 일이든 갑자기 우리 앞에 다가올 수 있다는 것을 우리 삶 가운데 배제할 수는 없는 것이다.

목포에 도착하였다. 목포에서 점심을 먹고 난 후 식당 사장님께 비금도 배 시간을 문의하였더니 여기서 남강 여객 터미널로 지금 빨리 가면 2시 배를 탈 수 있다고 하여 서둘러서 1시간 만에 도착하였다. 남강항에 도착하니 2시 6분이었는데 배는 이미 저만큼 떠나가고 있었다.

아! 이렇게 되면 비금도에서 숙박하게 되지 않을까 싶어 난감했다. 비금도에 들어갔다가 나와서 목포에서 숙박해야 다음 날 여유 있게 서울에 올라갈 수 있기 때문이었다. 하지만 이 또한 어쩔 수 없는 일, 이것도 하나님이 계획하신 섭리가 있는 것인가 싶었다. 문제가 있으면 답이 있기 마련인데 어찌하겠는가. 동행한 권사님께 체면이 말이 아니지만 권사님이 넓고 큰 마음으로 이해하고 오히려 위로한다.

배에 차를 실어야 한다는 방송이 흘러나와 차 안으로 들어왔다. 그런데 그때 우리 차 앞에 한 교회 트럭이 들어섰다. 어디에 있는 교회인지 생각하고 있는데 운전석에서 키가 크고 피부는 검고 나이는 50대 후반 ~ 60대 초반 정도 되는 남성분이 나오셨다. 차 창문을 열고, "안녕하세요?" 하였더니 그분이 활짝 미소를 지으셨다. 그런데 그분의 눈가 주름이 '나는 목사입니다'라고 말하여 주는 것만 같았다. 혹시 목사님이신지 물어보았더니 그렇다고 하셨다. 그래서 어느 교회의 목사님이신지 여쭤보았다. 그 목사님의 교회는 비금도에 있다고 하셨다. 그분이 담임목사님이셨다.

“차량에 선팅으로 쓰인 교회가 목사님 사역하시는 교회인 가요?”

“아, 예! 그렇습니다.”

필자는 목사님께 비금도로 들어가 교회에 가서 커피 한잔 주실 수 있는지 여쭤보았다. 목사님은 흔쾌히 그러겠다고 하셨다. 또한 여기 섬에 복음이 들어온 과정을 설명해 주시겠다고 하셨다. 그리고 함께 배에 탔다. 아, 이것이 하나님의 인도하심이란 생각이 들었다. 우리가 포기하지 않고 섬에 가는 것을 보신 하나님이 한 목사님을 만나게 하고 대화하게 하신 것이다.

권사님께 이 상황을 얘기하였더니 너무 좋아하셨다. 너무 신기하다고 하셨다. 유치원으로 데리러 온 엄마를 만나는 아이가 너무 좋아 어쩔 줄을 모르는 모습같이 기뻐하셨다. 어쩌면 거부를 겪고 났기 때문에 더 기쁘고 감사하는 마음이었을 것이다. 권사님의 좋아하는 모습에 눈물이 나려 했다.

이게 하나님이 하시는 일이다. 우리에게 더 큰 믿음과 하나님의 함께하심과 동행하심을 알게 하시는 것이다. 여호수아 1장 1~9절에서 하나님께서는 이스라엘의 두 번째 지도자로 여호수아를 세우시면서 "강하고 담대하라. 놀라지도 두려워하지도 말고 담대하라. 모세와 함께하였던 것처럼 내가 너와 함이니라."라고 하셨다. 우리는 이처럼 결코 낙심해서는 안 된다. 우리는 주님이 명하시는 대로 묵묵히 따르기만 하면 된다.

승선하고 비금도로 가는 중에 섬이 참으로 아름답다는 것을 절실히 느끼게 되었다. 섬이라 그런가, 왠지 모르게 해가 빨리 지려는지 4시가 되어가는데 곧 해가 질 것 같았다. 승선한 지 40분 후 섬에 도착하였다. 선착장에서 만난 목사님이 사역하는 교회는 비금도 선착장에서 그리 멀지 않았다. 목사님 차를 따라 교회에 가 보니 차에서 사모님도 내리셨다. 그리고 교회 안에 들어가 잠시 기도하고 목사님과 대화를 나누었다. 목사님은 좋은 카페에 가서 음료를 마시면서 목사님의 이야기를 들으면 어떨지 제안하셨다.

나는 우선 목사님과 사모님께 드릴 것이 있다고 말씀드리고 두 분께 여러 선물을 드렸다. 그리고 카페로 이동했다. 목사님은 음료를 사주셨고 우리는 이곳 비금도에 오게 된 과정을 말씀드렸다. 오늘 목사님을 만나게 된 것은 순전히 하나님의 은혜요, 성령님의 인도하심이며 우리 예수님의 사랑임을 말씀드렸다. 사실 이곳에 이르게 된 것은 40일 기도 가운데 하나님의 명령하심이 있어 왔으며 오늘 비금도의 다른 교회에 갈 예정이었지만 상황이 묘하게 되어 구경만 조금 하다가 서울에 올라가려 하였는데 목사님을 만나게 되었다는 것을 전하였다.

내가 그러하였듯이 목사님은 우리의 얘기를 들으시고 놀라셨다. 그리고 금일봉을 드렸더니, "어찌 내게 이런 일이 있을 수 있단 말인가." 그러면서 내게 말씀하신다. "목사님은 참으로 순수하시고 순종을 잘하십니다."

"늘 교회에서 하나님 말씀에 순종하라고 전하는데 내가 주님의 응답을 받고 순종하지 않는다면 말이 안 되는 일 아니겠어요?"

어느덧 시간이 오후 4시가 넘었다. 섬이라 그런지 빨리 어두워졌다. 비가 오려는지 구름도 잔뜩 끼고 하여 해가 곧 질 것 같았다.

말씀 나눈 후 목사님께 부탁을 드렸다.

"이곳 비금도에 유명한 관광지가 무엇 있습니까?"

“아, 예, 있습니다. 하트 바다가 있습니다. 그곳에 내가 안내할 테니 이왕 오셨으니 한번 가 보시지요.” 하고 안내해 주셨다. 5시가 넘으니 비가 오기 시작하였다. 한밤중처럼 칠흑 같은 어두움이 아름다운 섬을 뒤덮었다. 크고 강한 비는 아니지만 비가 오니까 좀 추워지기까지 하였다. 6시가 넘어 저녁 식사를 하여야 하기에 목사님께 여쭈었다.

“사모님과 함께 저녁 식사를 하실까요?”

“예, 그렇게 하시지요.”

하나님 은혜의 담소를 나누며 사모님과 함께 맛있는 장어탕을 먹고 나니 매일 보던 분들처럼 친분이 두터워졌다. 목사님과 사모님은 한결같은 말씀을 하신다. “목사님이 이곳에 오신 것이 놀랍고, 목사님을 통하여 위로를 받았습니다. 감사합니다. 어찌 내게 이런 일이 있을 수 있을까요.”라고 또 감탄의 말씀을 하신다.

그리고 한 가지 부탁을 하셨다. 경기도에 누님이 계시는데 많이 아프다고 하셨다. 목사 사모님이신데 시간이 괜찮다면 한번 찾아가 줄 수 있겠느냐는 부탁이었다. 나는 잘 알겠다고 하였다.

식사와 대화를 마친 후 목사님께서 사역하는 교회 인근 숙소를 안내해 주셨다. 목사님은 다음 날 아침 7시 첫배를 탈 수 있도록 안내해 주시겠다며, 6시 30분에 오겠다고 하셨다.

숙소에 들어와 나는 내가 소속한 교단 목사님께 전화를 드렸다. 그 목사님은 지금 목포의 한 카페에서 만나자고 하셨다. 그래서 나는 "지금 비금도에 있으니 내일 교회로 찾아뵙겠다"고 말씀드렸다. 그러자 바빠서 만날 수 없다는 답이 돌아왔다. 며칠 전부터 약속한 일이었고, 나는 당일에 400여 km를 달려왔는데도 말이다. 전도하러 나가야 하고, 함께 전도를 돕는 분들에게 식사를 대접해야 하기 때문이라고 하셨다. 참으로 황당한 일이 아닐 수 없었다.

전화를 끊고 씻고 누우니, 하나님의 인도하심의 은혜를 생각하지 않을 수 없었다. 새벽 6시에 출발해 오는 길에 예상치 못한 일들이 연달아 있었는데, 결국 하나님께서 만나게 하신 분은 따로 있었던 것 같다. 참으로 은혜로운 하루를 보내고 밤을 맞이하여 누워 있으니 참 신기하기만 했다.

다음 날 새벽, 목사님도 광주에 볼일이 있으시어 함께 배를 타게 될 것이라고 하셨다. 선착장에 도착하여 승선하였고, 배 안에서 이런저런 대화를 나누다가 목사님의 누나분께 다음 주 내로 찾아뵙고자 하니 나에 대해 말씀하여 주시기를 부탁드렸다. 그리고 목포에서 비금도의 목사님과 헤어졌다.

머나먼 400km가 넘는 거리에 있는 당신의 종을 대접하라고 나를 보내시고 약속된 분은 만나지 못하였지만, 나의 발걸음을 무겁게 하지 않으셨다. 하나님의 살아계심과 함께하고 있다는 증거를 보여주시는 듯하였다. 오직 모든 영광을 하나님께 드릴 뿐이다. 먼저 약속하신 목사님들을 만나지는 못하였지만, 주님은 다른 분을 예비해 주셨다.

찬송가 452장 < 내 모든 소원 기도의 제목 >

내 모든 소원 기도의 제목 예수님 닮기 원함이라.
예수님 형상 나 입기 위해 세상의 보화 아끼잖네.
예수님 닮기 내가 원하네 날 구원하신 예수님을
내 마음속에 지금 곧 오사 주님의 형상 인치소서.

무한한 사랑 풍성한 긍휼 슬픈 자 위로 하시는 주
길잃은 죄인 부르는 예수 그 형상 닮게 하옵소서.
예수님 닮기 내가 원하네 날 구원하신 예수님을
내 마음속에 지금 곧 오사 주님의 형상 인치소서.

겸손한 예수 거룩한 주님 원수의 멸시 참으시사
우리를 위해 고난을 받은 구주를 닮게 하옵소서.
예수님 닮기 내가 원하네 날 구원하신 예수님을
내 마음속에 지금 곧 오사 주님의 형상 인치소서.

2차. 경기도

날씨가 몹시 맑다. 오늘은 그리 멀지 않은 지역 두 곳을 방문하게 되어 혼자 가기로 하였다. 하나님의 사랑은 생각할수록 피조물인 인간이 감히 헤아릴 수가 없다. 이 크고 놀라운 사랑은 누가 감히 '하나님의 사랑은 이거야'라고 결론을 내릴 수 없다. 하나님의 위대하신 사랑에 감탄할 뿐이며 작으나마 그 사랑을 닮아 가야 하는 것이 우리 연약한 인간이다.

2024년 9월 11일, 더운 날씨가 여전히 이어졌다. 에어컨을 켜고 운전하지만 차 유리창에 비치는 강렬한 태양의 열기가 얼굴을 뜨겁게 달군다. 그러나 하나님의 명령이기에 이 또한 잘 이겨내리라 다짐하고 감사하며 경기도를 향하여 오전 9시 40분에 출발하였다. 나는 연약한 인간인지라 30km쯤 갔을 때쯤 문득 내 마음에 왜 내게 이 일을 하게 하셨는지, 차라리 금일봉으로 보내라 하셨으면 좋았으리라는 생각이 들기도 했다. 연약한 인간인지라 잠시 은혜롭지 못한 생각이 들기에 스스로 내 마음을 채찍질하였다.

날씨는 덥고 바쁜 일상 속 먼 길을 다니는 것도 참 어려운 일이지만, 가까운 거리라도 전혀 알지 못하고 소통도 없었던 목사님들을 찾아가 대접하는 것 역시 쉬운 일은 아니다. 만나서 무슨 말을 할지 고민되기도 하였다. 가만히 내 마음에 '왜 내게?'라는 반문이 들었지만 곧바로 내 마음을 향하여 스스로 말하였다. '왜 그런 마음을 갖는 거야. 처음에는 그저 감사만 하였고 눈물도 흘렸는데. 나를 선택하시어 이 어려운 일을 주신 것에 그저 감사하며 변함없이 끝까지 감사와 기쁜 마음으로 마무리 잘해야지!'라고 마음을 다잡는다. 그리고 찬양을 한 소절 불러본다. "내 주를 가까이하게 함은 십자가 짐 같은 고생이나"(찬송가 338장).

목적지는 경기도 양평이다. 두 교회를 방문하여야 한다. 첫 번째 교회에 도착하니 오전 11시 30분이 넘었다. 목적지 전방 300미터를 두고 헤매느라 길이 보이지 않았다. 결국 방문할 교회 목사님께 도움을 청하였다.

"나와 주실 수 있으실까요? 여기 바로 주변에 있는데요."

그래서 목사님이 나오셨다. 가까운 곳에 있는데 그 길을 못 봤다. 사모님은 어떤 질환으로 건강이 좋지 않았다. 건강하였을 때 모습은 본 적이 없어서 크게 아파 보이지는 않았지만 암 4기라고 하셨다. 그런데 역시 믿음이 견고한 분이셨다. 환하고 밝은 모습으로 나를 맞아 주시었고 날마다 뵈었던 분처럼 가까움을 느낄 수 있어 좋았다. 우리 믿음의 목회자들은 만난 후 금방 가까워짐을 어렵지 않게 겪는다. 복음을 통한 하나님 사랑의 끈이 그렇게 만드는 것이 아닌가. 이는 부인할 수 없는 사실이다.

몸이 불편하심에도 불구하고 시원한 음료를 대접하여 주심에 큰 감동의 눈물을 머금고 기꺼이 맛있게 마셨다. 편찮으시니 내가 대신 안아 주고 싶은 마음이었지만 할 수 있는 것은 하나님께 간절하게 한 마디 기도를 드리는 것밖에 없다. 목사님과 사모님, 교회를 위하여 기도하고 나와 다음 목적지로 나섰다.

왠지 발걸음이 한없이 무겁기만 했다. 더 있어 많은 대화를 나누며 위로를 드리고 싶었지만, 환자이기에 오래 있는 것도 민폐가 될까 싶기도 하여 적절한 시간에 나와 다음 교회로 이동하고자 무거운 발걸음을 옮겼다.

교회를 나와서 내비게이션에 목적지를 검색하고 찾아 나섰다. 마찬가지로 양평에 계신 목사님을 뵈었다. 이분은 과거에 같은 총회 노회에서 인간관계가 있는 목사님이다. 오랜만에 뵈니 친형제를 만나는 듯하였다. 여기 목사님은 지난 5년여 전에 암 수술을 하시고 11월 중에 마지막 검사를 통하여 결과에 따라 완치 판정을 받거나 다른 소견을 들을 수도 있다고 하셨다.

얼마 전에 목회를 마치고 한 선교회를 개설하여 여러 곳을 선교하시며 간접적인 목회를 하고 계신다. 또한 자택에 자그마하게 기도실을 만들어 쉬지 않고 기도하며 성경을 연구하신다. 하나님을 사랑하는 열정이 느껴졌으며 어떻게든 복음 전하는 일을 놓을 수 없어 숨을 거두는 그 순간까지 사명을 감당하고자 애쓰시는 모습이 뚜렷하게 보였다.

아프셨지만 좋은 결과로 완치되리라 믿는다고 말씀하셨다. 그리고 점심을 먹으면서 이야기하자고 하시어 식당으로 이동하는데 아주 건강한 모습이었다. 운전하는 모습은 20대가 운전하는 듯하였다. 모든 사람이 그러하듯 자기 위치에서 열심히 일하다 다쳐 장애를 얻거나 치유될 수 없는 질병으로 인하여 힘겹게 살아가는 경우가 있다.

목회자라고 예외는 아니다. 목사님, 사모님은 기도를 많이 하는데 왜 아프냐고 묻는 사람도 있다. 목회자도 인간인데 어찌 아프지 않겠는가. 좀 더 건강하게 목회하면 얼마나 좋을까. 이런저런 과정을 생각하면 눈물이 난다. 목회하면서 성도로부터 모진 말을 많이 듣고 여러 힘든 사건을 겪기도 한다.

어찌 보면 모든 것이 스트레스지만 사명을 감당해야 하고 하나님의 부르심을 거절할 수 없어 모든 것을 감사함으로 묵묵히 감당할 뿐이다. 이제 시작인데 편찮으신 분들을 뵈니 마음이 씁쓸하다.

이후 양평에서 원당으로 이동하였다. 이곳에서 만난 목사님들은 파주에서 사역하는 목사 부부셨다. 어려운 상황 여건 속에서도 외국인 노동자 목회와 내국인 목회를 겸하며 아프리카 가나 우물 파주기 선교를 오랜 세월 하고 계신다. 특히 여기 목사님 부부는 외국인 노동자들을 강하게 신앙 교육하시어 믿음으로 충만해진 성도가 어느 순간 하나님께 사명을 받아 목회자가 되겠다고 하면 사비를 모두 털어서라도 사역자로 키워 본국으로 돌아가 복음 사역을 하게 하시고 그들이 본국에서 활발하게 복음을 전파하는 과정에 크게 보람도 느끼신다.

그러하기에 70대지만 본인들 건강은 돌볼 틈이 없으시다. 모든 목회자가 그러하듯 하루도 쉴 새 없이 외국인 노동자들을 착실히 살피신다. 이제는 연로하시어 몸도 약해졌기에 은퇴해야 함에도 쉽게 목회를 놓지 못하는 것은 외국인 노동자 성도들에게 뿌리 깊은 신앙을 성숙하게 가꾸어주기 위함이 더 강하다. 그렇다고 교회가 여러 모양으로 넉넉한 살림은 아니었다. 현실적인 면으로도 많이 어렵고 버겁다. 그런 가운데서도 복음을 전하는 데 있어 사명을 감당하는 열정은 식을 줄 모르는 모습이다.

연세가 70대이시니, 나이는 속일 수 없다고 몸이 이곳저곳이 아프시다. 허리도 무릎도 치아도 그렇다. 아픔을 감수하며 병원 다니시는 일도 이제는 일상 중의 한 부분이 되었지만, 지금까지 국내 목회를 하시면서도 해외 선교도 멈추지 않으셨다. 오랜 세월 동안 가나 아프리카에 한국어 학교를 세우시는 선교와 우물 파시는 선교에 헌신해 오셨다. 2025년 현재, 가나 62개, 카메룬 31개 등 여러 지역에 우물이 세워지기까지 희생적으로 섬기신 목사님이시다.내 몸이 아프신데도 불구하고 복음 전파에는 쉼표가 없으시다.

이러한 모습에 눈물을 흘리게 된다. 하나님으로부터 사명을 받았기에 쉽게 손을 놓을 수가 없으신 것이다.

찬송 435장 <나의 영원하신 기업>

나의 영원하신 기업 생명보다 귀하다.
나의 갈 길 다 가도록 나와 동행하소서.
주께로 가까이 주께로 가오니
나의 갈 길 다 가도록 나와 동행하소서.

세상 부귀 안일함과 모든 명예 버리고
험한 길을 가는 동안 나와 동행하소서.
주께로 가까이 주께로 가오니
나의 갈 길 다 가도록 나와 동행하소서.

어둔 골짝 지나가며 험한 바다 건너서
천국 문에 이르도록 나와 동행하소서.
주께로 가까이 주께로 가오니
나의 갈 길 다 가도록 나와 동행하소서.

GRANDEUR
340라 5314

3차. 경남

9월 하순에 접어들자. 여름, 가을, 그리고 초겨울이 한순간에 겹치는 듯하다. 밖에 활동하는 사람들의 옷차림은 세 계절의 옷차림을 모두 보여준다. 그러니까 어찌 보면 세 계절의 문턱을 넘나들고 있다고 볼 수 있다. 오늘 새벽은 나도 추웠다. 그래서 속에는 남방을, 겉옷으로는 얇은 잠바를 입었다. 그렇게나 뜨거웠던 여름을 생각하면 겨울이 되어도 춥지 않을 것 같았지만 가을에 접어드니 그 날씨에 맞게 새벽에는 추웠다.

요즘 낮에는 한없이 걷고 싶은 마음이 든다. 어디든 걷다가 멈추어 주변 경관을 보며 가을이라는 향취에 젖어볼 수 있는 계절이 아닌가 싶다. 겨울엔 추우면 잠깐 밖에 머물다가 안으로 들어갈 수밖에 없지만 가을이라는 계절은 그렇지가 않다. 높고 맑은 하늘을 한없이 바라보고자 하는 마음으로 가득하다. 논과 밭은 가을임을 확실하게 말해준다. 밭에는 콩과 여러 곡식이 '나 익어가고 있다' 말하며, 논에는 노랗게 익은 벼가 겸손히 고개를 숙이며 '나는 곧 추수하게 될 거야'라고 내 귀에 속삭이는 듯하였다.

힘들고 어려운 과정은 있지만 하나님이 주신 계절에 신비로움이 더해져 멋있고 아름답게 느껴지는 농어촌 선교 순례이다. 이 또한 하나님의 크고 위대하심의 은혜요, 축복임을 고백하지 않을 수 없다. 하루에도 몇 번씩 수고로움을 주심에 벅차 눈물을 흘린다. 이 감격에 빠져 눈물을 흘릴 수 있는 자격은 과연 있는 것인지 생각하게 되고 교회 모든 성도가 농어촌 선교에 협력하게 하심에 이루 말할 수 없는 하나님의 역사하심을 느꼈다. 선교 헌금을 많이 하고 적게 하는 것이 문제가 아니다. 주일날 교회 소식을 알리는 시간에 귀가 막혀 있지 않고 모두가 듣는다는 것이 감사하고 놀라웠다.

귀 있는 자는 성령의 소리를 들으라고 주님께 말씀하셨듯이 우리 교회 성도들은 참으로 한결같은 마음이었음을 감사하여 눈물을 흘리지 않을 수 없다. 하나님께서는 내가 철야 40일 시작하기 전부터 어떤 기도를 할지 알고 계셨다. 그리고 앞서 행하셔서 성도들의 마음과 생각까지 주관하시어 선교에 적극 동참하게 하신 것이다. 어찌 하나님 하시는 일에 감사치 않을 수 있으랴.

"그는 뜻이 일정하시니 누가 능히 돌이키랴. 그의 마음에 하고자 하시는 것이면 그것을 행하시나니"

(욥 23:13)

나를 선택하여 주신 그분의 직원, 택배 기사 박사라는 경남 지역 배송을 위하여 달려가고자 새벽 예배를 마치고 경남 사천으로 360km를 달려갔다. 어둠이 남아 있고 하늘에 별이 보인다. 출근길이 겹치지 않도록 6시에 출발해야 했다. 이은자 권사는 바쁜 일정에도 불구하고 헌신 된 마음으로 동행하였다.

경남에서 3개 교회 방문을 마친 후에는 거제도로 넘어가길 계획하여 그곳에 숙소를 예약하였다. 사천에서 거제도로 넘어가려면 100km, 시간상으로 1시간 30분은 가야 한다. 마음이 뿌듯하고 흐뭇하기만 하다. 어느 지역이든 출발하기 전부터 하나님께서는 나의 마음에 기쁨이 충만하게 만든다. 이런 기분은 억지로 느낄 수 없고 억지로 말할 수도 없다. 천고마비의 계절, 하늘은 높고 푸르다. 가을은 가을이다. 가을이 사라졌다고들 하지만 짧을지라도 가을은 가을이다. 고속도로에 접어들면 푸른 산과 들이 보인다.

산은 아직 여름의 푸르름을 그대로 유지하고 있지만 들녘에는 벼가 노랗게 익어가고 있다. 어제만 해도 한여름처럼 더워 에어컨을 켰고 여름이 가을에게 자리를 비켜주지 않는다고 생각하였는데 이제는 제법 가을바람이 분다. 또한 머지않아 겨울이 올 것이라고 알려 주듯 가을이 초겨울을 넘나들며, 외출하였다가 집에 들어오는 어린아이같이 찬바람을 가져왔다. 고속도로 옆으로 보이는 가을 들녘이 황금빛을 내고 있어 너무나 아름다웠다. 이것이 가을의 풍성한 풍경이요, 하나님께서 지구상의 인간에게 주신 선물이자 축복이다. 내 마음에서 찬송이 흘러나온다.

"참 아름다워라 주님의 세계는 저 솔로몬이 옷보다 더 고운 백합화 주 찬송하는 듯 저 맑은 새 소리 내 아버지의 지으신 그 솜씨 깊도다."(찬송가 478장)

아! 너무너무 아름답다. 오늘 내 마음은 가을이다. 기쁨의 풍성함을 품고 하나님의 위로 편지를 차에 싣고 얼굴 본 적도 없는 목사님을 만나러 가는 길에 설렘으로 내 입가에는 자동으로 미소가 만들어진다. 어찌 내게 이런 기쁨을 주시고 즐겁고 행복한 마음으로 남쪽으로 가게 하신단 말인가. 이 지역 저 지역 갈 때마다 기쁨이 더해간다.

2024년 하나님께서 내게 주신 명령은 큰 숙제인 동시에 큰 기쁨이요 행복이다. 이 행복과 기쁨이 충만할 때 팔도강산 농어촌에서 열심히 사역하고 계신 목사님들께 작은 위로라도 드려야 한다. 이는 내가 드린 것이 아니다. 하나님께서 시간마다 보살피고 계신 귀한 하나님의 사역자요. 종들이며 하나님의 위로이다.

한참을 달리고 달렸다. 노랗게 물들어 가는 산과 들을 보며 달리다 보니 어느덧 내가 가야 할 목적지가 전방 100km 정도 남았다. 이제 한 번 멈추어서 커피 한잔 먹어야 할 곳이다. 고속도로를 달리다 보면 그냥 스쳐 갈 수 없는 곳, 휴게소다.

차에서 내리니 무릎이 잘 펴지지 않는다. 무릎 마사지를 하고 한 발 한 발 조심조심 걸어본다. 화장실로 직진 그리고 커피 한 잔 들고 차에 올랐다. 그런데 긴장했는지 다시 화장실에 가고 싶어졌다. "나 또 화장실 가야겠네." "그럼 편하게 다녀오세요." 권사님이 말씀하셨다. 권사님도 웃긴다. 편하게 갔다 오라고 한다. 은근히 긴장되나 보다. 나는 오래전부터 긴장하면 화장실을 자주 가는 경향이 있다. 면접시험 보러 가는 것도 아닌데 처음 목사님을 만난다고 하니 설렘과 동시에 긴장하고 있었나 보다. 화장실에 다녀와서 차에 앉아 목사님께 전화를 드렸다.

“안녕하세요! 목사님”하고 인사를 드렸더니 전화기 안에서 반가운 목소리로 말씀하신다. “빨리 보고 싶지만 조심히 오세요.”

눈물이 나려고 한다. 울컥 눈물이 쏟아질 것 같았다. 첫 번째에 겪었던 일이 생각나서일까. 경기도에서도 울컥하였는데 마지막은 되어야 이 울컥함이 사라지려나 싶었다. 그때는 감동의 눈물이 날 것이다. 첫 번째와는 다르게 정반대의 말을 들었기 때문에 힘이 났다. 더 빨리 가고자 하였다.

바울 사도가 복음을 전하다 로마 감옥에 갇혀서도 오히려 여러 교회에 위로 편지를 썼던 것을 생각하면 우리는 아무것도 아니다. 잠시 오해받은 부분이 있을 때도 있지만 만나고 나면 오해하였던 부분이 없어지고 좋아하신다. 좋은 일이라고 난관이 없는 것은 아니다. 이런 과정을 통하여 더 큰 기쁨과 즐거움의 행복이 있을 것이다.

소뼈를 사다가 국물을 내는 과정은 오랜 시간 힘들지만, 그 덕분에 가족과 함께 먹을 때 구수하고 맛있게 먹을 수 있다. 가족의 건강을 위한 것이기 때문에 그런 것이다. 이 과정도 모두 마치고 나면 새록새록 추억의 시간이 될 것이며 그것으로 하나님께 영광을 돌릴 수 있을 것이다. 이렇게 생각하여 보고 저렇게 생각하여 봐도 이 사역을 내게 주신 하나님의 특별하신 뜻은 알 수 없으나 완성하기 위해서 최선을 다하여 성실히 임해야 할 것이다.

권사님이 "목사님, 저기 있어요. 교회 보이네요."라고 하였다. 5시간 20분 만에 교회에 도착하였다. 목적지에 도착하자 두 분이 나와 계셨다. 목사님과 남편 장로님이셨다. 여기 계신 목사님과는 구면이다. 신학대학원에서 함께 공부한 적이 있다. 그래서 반갑게 포옹하였다. 그런데 얼굴 이마와 팔목 위에 가벼운 상처가 있어 약을 발랐다고 하신다. 왜 그러시냐고 물었더니 넘어졌다고 하셨다. 교회 안으로 들어가 잠시 기도한 후 대화를 나누면서 그간 있었던 이야기를 들을 수 있었다.

지난 5월에 쓰러졌는데 서울의 한 종합병원에서 진료를 받아보니 뇌경색이 왔다는 것이었다. 그리하여 예배도 제대로 드리지 못하는 상태라고 하셨다. 설교하실 때 전하고자 하는 내용을 위한 정확한 발음과 표현이 잘되지 않으면 스트레스가 되어 설교를 못 한다고 하셨다. 그래서 교회 성도들 없이 남편 장로님과만 예배드리거나 그것도 어려우면 인터넷으로 예배드리고 있었다. 성전은 너무나 예쁘고 멋있게 지어져 있지만 목회자의 건강상 예배는 멈추어 있었다. 누구보다도 교회를 사랑하고 아끼는 것이 목회자의 마음인데 건강상의 문제로 교회를 구석구석 돌보지 못하는 마음은 어떨까 싶다. 마음대로 걸어지지 않는 데 더해 어지러움으로 인하여 교회 마당에서 넘어졌다가 이렇게 상처가 났다는 것이었다. 멍도 들어 있었다.

너무나 안타까웠다. 계속 대화를 나누다 다른 교회에 함께 가겠다고 하시면서 점심 식사를 같이 하자고 제안하셨다. 그래서 내가 오늘 이곳에서 3개 교회를 방문하게 된 동기가 무엇인지 함께 만나서 얘기하겠다고 하였다. 한자리에 앉아서 얘기도 나누고 친교의 시간을 갖기로 하였다. 그리하여 함께 이동하게 되었다.

이후 두 곳의 교회를 방문하여 잠시 기도하고 난 후 한 식당으로 이동하여 세 분의 목사님과 한 분의 장로님과 우리 두 명 이렇게 6명이 점심을 먹었다. 카페로 자리를 옮긴 후 서울서 경남까지 와서 목사님들을 만나게 된 이유에 대하여 말씀하였더니, 목사님들께서는 그저 놀랍다고 하셨다. 성경의 많은 내용이 하나님의 섭리와 역사하심 없이는 될 일이 하나도 없고, 모든 목회자가 목회 현장에서 느끼고 체험하는 일이 얼마나 많은가. 나 역시 팔도를 다니면서 이렇게 목사님을 대접하는 것에 감동된 마음이 식지 않는다.

그리고 한 목사님은 남편도 목사님이신데 왜 서울에서 여기까지 이유 없이 좋은 것을 가지고 오신다고 하였는지 의문을 가지고 무언가 이유가 있고 부탁할 것이 있어 오는 것이니 절대로 받아주면 안 된다고 말씀하셨다는 것이다. 분명 다단계일 수도 있으니 절대로 받아주면 안 된다고 당부하면서 오늘 바쁜 일이 있어 함께하지 못하였다는 것이다. 이에 대해 오해를 많이 한 것 같아 미안하다고 하셨다. 그러면서 내게 한마디 말씀하셨다. "목사님은 겉과 속이 같으신 분이십니다."하고 웃으셨다. 나는 말씀드렸다.

"오늘처럼 이렇게 목사님들을 뵙는 것은 더 없을 것입니다.

하나님께서 기도하게 하신 만큼 기도할 것이고 오늘 이 만남이 있었다고 하여 자주 전화나 문자를 보내는 일도 없을 것입니다. 목사님들도 생각날 때는 우리 교회를 위하여 기도하여 주십시오.

저는 하나님의 지시하심에 놀랄 뿐이었습니다. 어찌 내게 이런 숙제를 주셨는지 생각하고 하나님의 택배 기사로 성실하게 문제없이 배달하겠노라고 기도하며 말씀드리고 여기까지 왔습니다. 하나님께서 얼마나 목사님들을 위로하시고 싶으시면 부족한 저를 선택하시어 여기 오게 하셨겠습니까. 주님의 천국 복음을 전하는 사역이 그리 쉽지는 않을 것입니다. 대도시인 서울도 마찬가지입니다.

그러나 하나님께서 날로 변하여 가는 시대에 더더욱 복음을 전하는 일과 한 영혼을 구원의 길로 인도하는 것이 쉽지 않아 낙심하신 목회자들이 계신 것을 보시고 저를 보내시고 작으나마 위로를 드리라고 한 것 같습니다.

사실 하나님께서 직접 명하시는 일이라 지인을 통해서 만나게 되더라도 오해 아닌 오해를 받게 됩니다. 그렇지만 출발할 때 설렘의 마음으로 와서 오히려 제가 위로받고 더 열심히 사역에 충실해야겠다고 다짐하게 됩니다."

오해하였다는 말을 들을 때는 눈물도 나지만 그럴 수밖에 없음을 공감하고 이해하게 된다. 세상은 너무 빠른 속도록 발전하고 발전한 만큼 서로 속이는 일도 많다. 대화를 나누다 보니 시간 가는 줄도 몰랐다. 오후 4시가 되어간다. 거제도의 숙소까지 가려면 100km 정도 가야 하니 어두워지기 전에 가야 할 것 같다고 하였다.

서로 마무리 인사를 하고 헤어진 뒤, 숙소 인근에 도착해 잠깐 주변을 둘러보았다. 보기 전에는 그저 작은 섬이겠거니 생각했는데, 막상 와 보니 이 섬이 생각보다 굉장히 크다는 것을 알게 되었다. '시'가 들어가는 도시인 이유를 알 것 같았다. 숙소 인근에 오니 안도감이 들어 주변 경관을 구경하고 7시가 넘어 저녁 식사 후 숙소가 있는 곳까지 가니 8시 20분이었다. 숙소가 너무 좋았다. 방 2개에 침대도 2개인데 금액에 비하여 싸다 싶었다.

새벽 4시 20분에 일어나 5시에 새벽예배를 드리고 6시에 출발하였더니 너무 피곤했나 보다. 침대에 누웠는데 너무 행복했다. 이 또한 하나님의 은혜요, 축복이다. 20여 분 쉬다가 씻고 잠시 텔레비전을 보다 살그머니 잠이 들었다. 그리고 일어나 보니 12시, 텔레비전을 끄고 다시 잠을 청하였고 3시쯤 되어 일어나 한참을 기도한 후 다시 누웠다.

오늘도 하나님이 함께하심 가운데 서울에 안전하게 도착하리라 믿고 조금 여유 있게 쉬다 점심을 먹은 후에 출발하고자 하였다. 오후 2시에 서울로 출발하였고 서울까지 거리는 400여km, 가는 데 5시간 30분 걸린다. 열심히 달렸다. 4시간을 쉬지 않고 달렸다. 고속도로에서 밤을 보내지 않기 위해서였다. 12시에 출발하였으면 더 좋았겠지만, 너무 피곤해서 좀 쉬다가 2시에 출발하였다. 고속도로 마지막 휴게소인 죽전 휴게소에서 라면 한 그릇 먹으려고 들어갔는데 라면이 없었다. 휴게소 하면 그래도 라면이 최고인데 먹지 못하는 아쉬움을 뒤로 하고 열심히 또 달려서 교회에 도착하니 저녁 7시 25분이 되었다. 2층 본당에 들어가 하나님께 기도를 드렸다.

하나님께서 졸지도 않게 하시고 안전하게 지켜주시어 잘 다녀왔음에 감사드렸다. 다음도, 또 그다음도 계속 잘 지켜주시고 안전 운전하게 도와주시기를, 또한 그리하여 하나님께서 주신 과제물을 잘하여 100점 맞게 해주시기를 기도하였다.

찬송 563장 <예수 사랑하심은>

예수 사랑하심은 거룩하신 말일세.
우리들은 약하나 예수 권세 많도다.
날 사랑하심 날 사랑하심
날 사랑하심 성경에 써 있네.

나를 사랑하시고 나의 죄를 다 씻어
하늘 문을 여시고 들어가게 하시네.
날 사랑하심 날 사랑하심
날 사랑하심 성경에 써 있네.

내가 연약할수록 더욱 귀히 여기사
높은 보좌 위에서 낮은 나를 보시네.
날 사랑하심 날 사랑하심
날 사랑하심 성경에 써 있네.

세상 사는 동안에 나와 함께 하시고
세상 떠나가는 날 천국 가게 하소서.
날 사랑하심 날 사랑하심
날 사랑하심 성경에 써 있네.

오직 너희의 심령이 새롭게 되어
하나님을 따라 의와 진리의 거룩함으로 지으심을 받은 새 사람을 입으라

4차. 강원도 철원과 경기도 포천

매번 어느 지역에 가든 월요일과 화요일에 갔다. 월요일은 목회자들이 쉬는 날로서 교회 일에 지장이 있어서는 안 되겠기에 월요일과 화요일로 하였다. 물론 농어촌 교회 순례 선교일도 중요하지만 본 목회 현장에 지장을 주면 안 되기 때문이다. 목회 계획에 전혀 없던 사역이기에 나의 시간을 하나님께 드리고자 하였던 것이다.

경남을 다녀온 후 며칠 지나 철원과 포천의 목사님들께 전화를 드렸다. 강원도의 경우 북한과 맞닿아있는 철원에는 꼭 가고자 하였다. 민통선이 가까운 곳이며 사람도 적은 오지였기 때문이다. 강원도의 다른 어느 지역보다 위험 지역이지만 그럼에도 복음 전파에 열정을 불태우고 있을 교회들을 방문하고자 하였다.

철원에 계신 세 분은 통화가 원활하게 연결되지 않아 다음날 문자로 소통하였다. 포천에 계신 두 목사님과는 원활한 소통이 되어 오래 떨어져 지낸 형제와의 만남을 계획하는 것처럼 기뻤다. 한 목사님께서는 내용을 전달받고 어찌 이렇게 귀한 사역을 하느냐고 반복적으로 감탄하신다. 서로 얼굴은 모르지만 천국 복음 안에서 마음이 쉽게 열린다. 이것이 주님의 사랑을 중심으로 모인 이들의 마음인 것 같다.

서로를 각자 소개하고 서로 위로하게 된다. 삶은 힘들지만 복음을 전하며 영혼을 구원하려는 과정은 더더욱 힘들고 어렵다는 내용을 나누었다. 15분 정도 통화하고 끊으려 하자 목사님께서 그곳에 오면 교회에서 된장국을 끓여 점심을 대접하겠다고 하셨다. 나는 대접하러 가는데 다시 대접받고 오는 것은 맞지 않는 것 같아 거절하였더니 그것이 아니라 햅쌀이 나와서 그런다고 한사코 말씀하시어 거절할 수가 없었다.

철원과 포천으로 출발하려는 날 새벽

2024년 10월 11일, 새벽 6시, 밤사이 내렸던 서리가 아직 마르지 않은 시간대이다. 동쪽에서 찬란한 태양이 떠올라 지면을 비출 때 서리는 서서히 마르게 될 것이다. 어둠도 사라지기 전에 출발하는 이유는 하나다. 1시간만 늦추면 날이 환하게 밝아 운전하기에는 훨씬 편하겠지만 1시간 늦추면 운전하는 시간이 1시간 길어지기 때문이다. 출근 시간과 겹치는 것을 생각하지 않을 수 없다. 새벽예배를 마치고 6시에 출발하는 것은 매우 피곤하기는 하다. 1시간 쉬었다 출발한다면 훨씬 몸이 가뿐하지 않을까 싶지만, 길에서 운전대를 붙잡고 있으면 쉽게 피로가 더할 수밖에 없다는 것을 생각하였다.

하나님의 명령이기에 기쁘고 즐겁게 하게 된다. 누군가에게 기쁨이 될 수 있는 일이라고 생각하면 무엇인들 못 하겠는가 싶다. 교회 사역 없이 이 사역이 나의 주된 일이라면 서서히 조금씩 쉬어 가면서 하고 싶었다. 1년 계획을 세워 한 지역에서 숙박하며 한 달이든 두 달이든 일정을 잡아서 천천히 일하고 마무리를 잘하여 돌아오는 사역이라면 마음도 급하지 않고 정신적으로도 덜 힘들 것 같다.

차에 시동을 걸고 출발

기사로서 배달을 위하여 방문할 교회에 드릴 선물을 하나, 둘 트렁크에 가득 실었다. 여러 곳에 드려야 할 물품들이다. 물건들을 싣다 보면 마음이 설렘으로 가득하다. 빼놓지 않고 살펴야 할 것이 또 있다. 목사님들께 드릴 금일봉이다. 어제저녁에 살핀 후 담아 놓았지만 실수가 없도록 한 번 더 살펴보게 된다. 이것이 바로 주님의 명하심에 순종하는 마음일까.

아직은 어둠이 깔려 있지만 기분은 좋다. 이제 내부 순환로에 들어서 한참을 달리다 6시 45분쯤 되니 어둠이 서서히 걷히고 상쾌함이 마음과 정신 안으로 들어온다. 새벽에 운동하는 사람들이 이런 기분을 느끼기에 산책로에서 운동하나 싶었다. 미세먼지 하나 없는 상쾌함을 느낀다. 정신도 맑아지고 마음이 깨끗해지는 기분이어서 오늘 내 마음은 표백제를 넣은 흰 빨래처럼 하얗게 되는 듯 기분이 참 좋다.

열심히 달려 포천을 지나고 철원에 들어서니 벌써 벼를 베고 추수를 끝낸 논에서 10cm 정도 싹이 자라고 있었다. 저 푸른 모습도 생명이 존재함을 알려주었다. 그러나 추위가 오면 싹이 난 것은 한순간 사라지게 될 것이다. 산은 가을 나무가 한 잎 두 잎 예쁜 물감으로 옷 입으려 한다. 그렇게 2시간을 달렸다.

철원에 있는 첫 번째 교회에 도착하였다. 너무 놀라며 반가이 맞아주셨다. 어서 오라고 하신다. 이렇게 만나게 돼서 너무나 좋다고 하셨다. 80대 사모님이 주방에서 분주하게 음식을 만드시면서 활짝 핀 장미꽃처럼 웃으시고 식사를 주시겠다고 하셨다. 대접하려고 방문한 것이기에 거절하였으나 기꺼이 아침을 주시겠다고 하셔서 맛있게 먹겠다고 하였다. 오늘 내 배가 놀랄 것이라 생각했다. 나는 아침을 거의 먹지 않기 때문이다. 등심, 미역국, 나물 등을 주셨다. 오랜만에 아침을 먹으려 해서 그런지 잘 넘어가지 않았지만, 정성 있는 반찬이기에 맛있게 먹었다.

목사님, 사모님 두 분은 연세가 80대인데도 강건하시다. 목회에선 은퇴하셨다. 비록 연세는 있으시지만 발 지압 자격증을 가지고 있어 봉사하시면서 동네 어르신들께 복음을 전하고 계셨다. 아직도 복음 전파의 열정이 남아 있다. 육신은 세월의 흔적을 말해주지만, 정신과 마음은 20대 청춘의 열정을 가지고 계심을 발견한 나는 고개가 숙여질 뿐이다. 그분들의 강건한 모습을 뵈니 이 또한 감동이 아닐 수 없다.

성경에 "겉사람은 낡아지나 우리의 속사람은 날로 새로워지도다"(고후 4:16) 하였듯이 두 분을 뵈니 그러하다는 것을 절실하게 느끼게 된다. 식사와 만남 속 대화를 마치고 다음 교회로 이동한다고 하니 많이 아쉬워하시고 더 있다 가기를 바라는 눈빛으로 말씀하시니 그 모습에서 깊은 사랑과 주님이 주시는 자비로움을 보게 되었다. 그리고 햅쌀과 건강 과즙을 주셨다.

포천에 있는 다른 교회로 이동하였다. 전혀 모르는 목사님과 교회, 꿈에도 뵌 적이 없는 분들을 찾아 만날 수 있다는 것은 오직 하나님의 인도하심과 은혜를 힘입음이다. 여기 목사님은 올 12월이면 은퇴한다고 하신다. 너무나 놀라울 뿐이고 은퇴를 앞둔 자신에게 그동안 수고하였다고 격려하려고 하나님께서 보내셨나보다고 하신다. 그러시다면 꼭 시내 나가셔서 사모님과 옷 한 벌씩 사 입으시라고 말씀드렸다. 하나님께서 보내셨기에 목사님을 만나 대화를 나누고 대접할 수 있음이 너무 감사하였다. 그리고 가고자 일어서니 가다 먹으라고 빵과 간식을 준비하셨다기 주신다. 고맙게 받았다.

철원의 마지막 교회로 이동

기다리고 계신 분은 아주 젊은 목사님이시다. 여기 철원에서 2년째 있으며, 철저하게 훈련받고 있다고 하신다. 얘기를 듣고 주변을 보니 눈물이 절로 나오고 이렇게 덜렁 혼자 계신 것만 하여도 대단하다고 생각하였다. 주어진 사명을 감당하고 묵묵히 참고 견디고 있다는 것이다.

노회와 여러 목사님이 사랑과 관심을 가지고 돌봐 주시고 아껴 주시며 변함없이 뒤에서 많은 기도를 하여 주시기에 이렇게 매일 살아가고 있다고 하셨다. 또한 근본적으로 하나님이 친구요, 어버이요, 목회의 동역자이기에 외로움, 고독함이 있지만 견딜 수 있다고도 하셨다. 이렇게 잘 머물고 계시니 참으로 대단하다. 많은 기도로 하나님께 영광을 드리시고 성령의 역사하심으로 모든 것을 채우시고 멋있게 목회하실 때 겸손으로 하나님께 영광을 드리라고 말씀드렸다. 그랬더니 그때가 되면 나를 찾아 인사하겠다고 하셨다.

내 마음에 울려 퍼지는 소리가 있다. 사명이 무엇일까. 젊은 목사가 홀로 이곳에서 외로움과 싸우고 고독함과 사투를 벌임에 있어 하나님의 뜻이 무엇일까. “이곳에서 저를 훈련하시는가 봅니다.”라고 말씀하실 때 진정 사명이 무엇일까? 궁금하였다. 나 자신도 사명을 감당하기 위해서 이 사역을 하고 있지만 그저 아리송할 뿐이다.

철원을 마치고 간 곳은 포천이다. 새벽 6시부터 이은자 권사님과 함께 방문하면서 둘이 마주 보며 말하기를 참 감사할 일요요. 오직 하나님께 영광만 드려야 한다고 하였다. 오늘 네 번째로 포천의 교회를 방문하였다. 60대 중반의 목사님이시다. 임대하고 있다가 주인이 비워달라고 하여 대출받아 이곳의 주택을 매입하고 인테리어를 하여 이렇게 하나님의 성전을 꾸며 사역하고 있다는 것이다.

협소한 공간이지만 하나님이 주신 사역을 감당하기 위하여 애씀이 역력히 눈에 들어온다. 어떻게 하면 힘써 복음을 전하여 한 영혼이라도 살릴까 하는 간절함이 가득 차 있었다. 주변 지인에게 농토를 빌려 농사를 지으면서 생계를 유지하고 복음을 전하고 계신다는 것이다. 사모님이 너무나 밝고 활달하셨다. 웃음이 공간 안에 가득히 차고 넘친다. 고구마와 고구마 줄기를 갖고 가라고 주셨다.

이곳저곳 교회들을 방문 할 때마다 매우 반가워하시며 무언가를 주고 싶은 마음으로 가득하셨다. 필자가 방문한 목적을 알고 난 후에는 매우 난처해하고 미안해하는 부분이 없지 않아 있었다. 그러다 보니 커피 한잔이라도 대전하려는 모습으로 분주하셨다. 목사님을 찾아뵌 것은 대접받으려 하는 것이 아니니 절대로 부담 갖지 않으셨으면 좋겠다고 말씀드리고 간단한 대화를 나누게 되었다. 그저 하나님의 명령에 순종하고자 온 것이니 저를 편안하게 대하여 주면 된다고 하였다. 그리고 커피 한잔 나누며 마무리하였다.

포천 마지막 교회를 방문하게 되었다. 목사님이 앞치마를 두르고 머리에 모자를 쓰고 교회 대문 입구까지 나오시어 기쁘게 맞아주신다. 먼 길을 이른 아침부터 오느라 수고 많았다고 하셨다. 그리고 성전으로 안내하여 주신다. 잠시 기도하고 나니 점심을 주겠다고 하시고 진수성찬을 차려 놓으셨다. 무공해 고춧잎나물, 된장국 등등. 건강식 찬으로 식탁을 가득 채워 놓고 식사하라고 하신다. 너무 놀랐다. 대접을 드리러 온 것이 아니라 대접받으러 온 사람이 되고 말았다.

내 마음속에서는 하나님께 죄송하다는 생각이 들었다. '내가 대접받는 사람이 되고 말았는데 이래도 됩니까. 이곳에 하나님의 축복이 임하게 하기 위해서는 기꺼이 먹으렵니다. 지나가는 나그네, 어린 소자 등 냉수 한 그릇을 대접하여도 상을 잊지 않겠다고 하셨던 주님, 넘치게 복을 주시옵소서.'라고 생각하였다. 나는 기도를 드리고 간절하게 베풀어 주신 음식을 먹기 시작하였다. 신토불이의 건강식 식탁에 감탄하며 음식을 먹었다.

이곳은 기도원 겸 교회다. 아주 오래된 건물의 기도원이었다. 시어머니께서 이 기도원을 건축하시고 기도원을 하시다 이곳에서 생을 마감하시고 목사님이 목회하고 계시는데 몇 년 전에 남편 목사님과 사별하였고, 지금은 50대 아드님 전도사님과 사역한다고 하신다. 시어머니께서 영적 은사를 다양하게 가지고 계셔서 기도원 사역을 잘 이루고 하늘나라로 가셨다는 것이다. 복음 전파에 부름받은 가족, 가정이었다.

그러나 지금은 상황이 상황인 만큼 여러 모양으로 힘들다고 하신다. 산속에 있으며 좀 멀기는 하지만 동네들이 있었는데 위로 길을 내는 개발 공사를 하였을 때 보상을 받고 모두가 이사 가는 바람에 교회에 오는 사람도 없고 기도원에 오는 사람 역시 없다는 것이다. 요즘 생기는 기도원 시설은 너무 잘 되어 있는데 이곳은 옛날 그대로이기도 하고 시대 변화에 교회도 기도원도 어렵다고 하시며 한숨을 내쉬셨다. 그러면서도 "주님의 인도하심이 있지 않겠습니까."라고 말씀하셨다. 기도원에 들어가는 길은 좁았고 주차도 원활하게 할 수 있는 장소가 아니었다. 강원도는 다른 지역에 비하여 추운 곳이라 10월 중순인데도 춥다.

포천, 철원의 모든 교회를 방문하고 한 카페에 들어가서 커피 한잔하고 서울로 올라가기로 하였다. 참으로 숨 가쁜 일정이었다. 서울로 올라오는 길에 잠시 한적한 카페에 들어가 1시간 정도 머무르며 방문한 교회들과 목사님을 생각하며, 주님의 은혜를 생각하며 감사하였음을 권사님과 이런저런 대화를 나누는데 권사님이 "목사님, 피곤하기는 하지만 너무 흐뭇하고 행복한 시간인 것 같아요." "그래요. 그래서 커피도 맛이 너무 좋네요." 그리고 시간이 흘러 "이제 올라갑시다. 곧 해가 지겠네요. 늦게라도 저녁은 서울에 올라가서 간단하게 먹기로 합시다."

목사님들께서는 한결같이 주님이 주신 사명을 감당하기 위해 참으로 몸부림치며 복음에 열정을 가지고 계셨다. 아마 세상일 같았으면 이렇게 참고 견디며 인내하지 못하였을 것이다. 다들 위대하시다. 밝게 웃을 수 있고 감사할 수 있는 것은 순전히 천국 복음 때문 아니겠는가. 복음의 힘, 복음은 우리에게 소망을 갖게 하고 좌절과 낙심이 아니라 희망을 품고 살아가게 하는 원동력이다. 어떤 핍박도 시련도 참고 견디게 하는 것이 복음이다. 차를 마시는 동안에도 내 마음속에서 찬양이 울려 퍼진다.

< 순례자의 길 >

광야 같은 세상에 곤한 내 여정은
가나안을 향하여 걸어가는 인생길.
구름 불기둥 따라 지친 나의 영혼이
가나안을 향하는 나는 곧 순례자.

순례자의 길이 비록 험할지라도
본향을 향하는 소망의 길이라네.
세상 의지 버리고 세상 향락 버리고
전능하신 여호와 주만 보고 가리라.

나의 일생 살 동안 믿음 잃지 않고서
천국 문을 향하는 나는 곧 순례자
나는 곧 순례자, 나는 곧 순례자.

누구에게나 인생은 광야가 있기 마련이다. 광야가 없는 인생은 없다. 복음 전파를 위하여 사명을 받은 목회자들에게는 크고 힘든 과정에도 불평 없이 사명을 감당하여야 하는 것이 인생행로이다. 때로는 깊은 한숨을 쉴 때도 있다. 이런 것이 전혀 없을 수는 없다. 고뇌가 있고 숨을 쉬기조차도 버거울 때도 있다.

그러나 주님으로부터 구원, 은혜를 받았으니 어찌 고난이 있다고 복음 전파의 손을 놓겠는가. 내 마음 깊은 곳에서 찬송이 흘러나온다.

찬송 438장 < 내 영혼이 은총 입어 >

내 영혼이 은총 입어 중한 죄짐 벗고 보니
슬픔 많은 이 세상도 천국으로 화하도다,
할렐루야 찬양하세. 내 모든 죄 사함받고

주 예수와 동행하니 그 어디나 하늘나라.

주의 얼굴 뵙기 전에 멀리 뵈던 하늘나라
내 맘속에 이뤄지니 날로날로 가깝도다.
할렐루야 찬양하세. 내 모든 죄 사함받고
주 예수와 동행하니 그 어디나 하늘나라.

높은 산이 거친 들이 초막이나 궁궐이나
내 주 예수 모신 곳이 그 어디나 하늘나라,
할렐루야 찬양하세. 내 모든 죄 사함받고
주 예수와 동행하니 그 어디나 하늘나라.

서울로 출발

다섯 교회를 방문하고 서울로 출발하였다. 오직 감사뿐이다. 내게 이렇게 고귀한 일을 할 수 있게 하심에 어찌 감사치 않을 수 있겠는가. 지방에 가서 방문하고자 하였던 교회들을 방문하고 나면 흐뭇하고 그저 하나님께 감사할 뿐이었다. 이것이 주님의 은혜가 아니면 어찌 이렇게 할 수 있겠는가. 이 모든 것이 하나님의 인도하심과 역사하심 가운데 행해지는 것이 아니라면 할 수 없고 불가능할 수밖에 없다.

이런저런 생각을 하며 오다 보니 퇴근 시간이 되어 역시 길이 막힌다. 연신내쯤 오니 6시 30분이 되었다. 저녁이나 먹고 가기로 했다. 한 한식 식당에 들어가 저녁을 먹고 교회에 오니 8시가 가까웠다.

이제 2주 후 전북에 갈 것을 위해 기도로 준비하고, 전북에 다녀오는 것을 끝으로 2024년을 마무리하고 2025년 3~5월에 방문을 마치기로 계획하였다.

강원도 철원과 경기도 포천

5차. 전북

"너희 안에 이 마음을 품으라. 곧 그리스도 예수의 마음이니"

(빌 2:5)

찬송 455장 < 주님의 마음을 본받는 자 >

주님의 마음을 본받는 자 그 맘에 평강이 찾아옴은
험악한 세상을 이길 힘이 하늘로부터 임함이로다.
주님의 마음 본받아 살면서 그 거룩하심 나도 이루리.

주 모습 내 눈에 안 보이며 그 음성 내 귀에 안 들려도
내 영혼 날마다 주를 만나 신령한 말씀 늘 배우도다.
주님의 마음 본받아 살면서 그 거룩하심 나도 이루리.

가는 길 거칠고 험하여도 내 맘에 불평이 없어짐은
십자가 고난을 이겨내신 주님의 마음 본받음이라.
주님의 마음 본받아 살면서 그 거룩하심 나도 이루리.

주 예수 세상에 다시 오실 그날엔 뭇 성도 변화하여

주님의 빛나는 그 형상을 다 함께 보며 주 찬양하리.

주님의 마음 본받아 살면서 그 거룩하심 나도 이루리.

오늘도 택배 기사는 배달을 위하여 농어촌으로 출발하였다. 여느 지역과 다름없이 선물은 차에 실어놓았다. 변함없는 선물의 내용은 건강보조식품, 사골국, 경옥고, 그리고 금일봉이다.

6시에 출발하여야 하는데 30분이 지연되고 말았다. 이진우 전도사님이 새벽이라 그런지 늦게 왔다. 이렇게 시간이 지연되면 중간에 길이 막힐 수 있다. 월요일이고 출근하는 사람이 많아지기 때문이다. 출근을 7시에 시작하는 경우가 많다. 6시에 출발해서 7시가 되기 전에 고속도로에 진입하여 어느 정도 가놓아야 막히지 않는다.

가고자 하는 교회마다 부족한 나를 기다려주신다. 기다려준다는 것에 내 마음은 설렘과 기쁨으로 가득하다. 도착지에서 움직일 코스를 생각하게 되면 설레는 기쁨에 먹지 않아도 배가 불러온다.

오늘은 전북을 향하여 가는데, 순창, 임실, 전주가 목적지이다. 30분 지연되었고 방문하는 교회도 각자의 스케줄이 있기에 만남이 원활하게 이루어질지 조금은 염려스럽기도 하였다. 지난주 중에 오늘 방문할 교회 목사님들께 전화를 드렸다. 초면에 뵙게 될 때 어색함이 없기 위함이었다. 먼저 전화로 통화하고 뵙게 되면 대화가 훨씬 자연스럽게 이뤄지기 때문이다. 그리고 방문하기 전주 토요일 오후에도 전화를 드렸다.

이제 전북 순창을 향하여 열심히 달려간다. 아니나 다를까, 길이 많이 막힌다. 예상대로 평택까지 2시간 38분이 걸렸다. 마음이 급해진다. 휴게실도 웬만하면 들르지 않아야 한다. 최대한 이른 시간에 목적지에 도착해야 한다. 나를 맞이하여 줄 분들이 나만 기다리고 하루 종일 교회에 계실 수 있는 것이 아니기 때문이다

나의 급한 마음과는 달리 평온함을 이루는 시골 들판은 황금물결로 가득 채워져 참으로 아름답다. 우리 하나님께서 어떻게 저렇게 아름답게 황금으로 물들게 하여 모든 곡식이 무르익게 되었음을 알게 하셨을까. 빨갛게 익어야 하는 것은 빨

갛게, 노랗게, 푸르게, 검게, 다양한 색을 내어 자신이 탐스럽게 익었다는 것을 알린다. 이 모든 것이 하나님의 창조 섭리가 아니겠는가.

산은 정말 아름답게 물들었다. 멋있다! 아름답다! 감탄사가 절로 나온다. 9시가 되기 전까지는 안개로 인하여 저 아름다운 풍경을 볼 수 없었는데 9시가 넘고 안개가 사라지니까 아름다운 풍경이 한눈에 들어와 가는 데 즐거움을 더한다. 벼가 익어 있는 저 논바닥에 누워 높고 높은 푸른 하늘을 한없이 바라보고 싶다. 그리고 누워서 소리 높여 찬송을 힘차게 불러보고 싶다.

황금물결의 들판과 무지갯빛을 내듯이 아름답게 그려진 산들을 바라보며 기도와 찬송하는 마음으로 오다 보니 어느새 목적지에 왔다. 10시 30분에 도착할 줄 알았는데 11시 30분이 되었다. 1시간 지연되고 말았다.

첫 번째 교회의 간판이 보인다. 시골 교회다운 건물이었다. 사모님과 목사님이 교회 마당에 나와 계신다. 그야말로 시골 교회 풍경이다. 정겨움 그 자체이다. 고향집 부모님 만나러 온 느낌이었다.

서울에서 출발할 때의 설렘은 어디로 가고 그저 오랜만에 친한 분들을 만난 듯하였다. 목사님과 사모님이 너무나 반갑게 맞이하여 주신다. 나는 차 트렁크를 열고 이것저것 드릴 선물을 챙겨 안으로 들어갔다. 더도 덜도 말고 이것 다 드실 때까지만 우리 교회 성도들의 정성에 축복기도 하여 주시면 된다고 말씀드렸다. 목사님과 사모님께서 당연하다고 화답하셨다.

그리고 나는 다른 교회에서 그러하였듯이 금일봉을 드리면서 당부의 말씀을 드렸다. 이 금일봉은 교회에 드린 헌금이 아니며 목사님과 사모님께 대접하는 것이니 다른 곳에 사용하지 마시고 꼭 두 분이 읍내 가시어 옷 하나씩 사 입으시고 외식으로 맛있는 식사도 사드시고 기분 한번 내시라고 부탁드렸다. 그러시겠다고 활짝 웃으시면서 대답하셨다. 기분이 너무나 좋고 행복하다. 내 사역지에서와는 다른 느낌의 기분 좋은 시간이다.

내가 소속하고 있는 총회나 노회의 동역자분들, 내가 사역하고 있는 교회 성도분들도 대접하였지만, 그때의 기쁨이나 행복과는 느낌이 사뭇 다르다. 하나님께서 친히 명령하시고 하나님의 음성을 듣고 와서 그런 것이라는 생각이 들었다.

어디서나 선을 행하고자 한다. 그리고 이렇게 좋은 일을 하는 것은 주님 말씀에 중심한 선이 되어야 한다. 마음속으로 '주님 이렇게 하게 하심에 진심으로 감사합니다. 혹이라도 교만한 마음에 잘난 척하지 않게 하옵소서. 내 것으로 한 것이 아니라 주님의 것으로 심부름 왔습니다. 택배 기사임을 잊지 않게 하십시오.'라고 기도한다.

목사님, 사모님이 밤을 삶아 깎아 놓으셨을 뿐만 아니라 과일과 차를 준비하여 놓고 기다리셨다. 많이 기다리신 것 같았다. 이 먼 길을 오느라 얼마나 고생이 많으냐고 해주셨다. 사모님은 알츠하이머로 병환 중에 계셨다. 이 질환을 앓고 계신 지는 3년이 되었고 그 전에 두 종류의 암으로 수술도 하고 고생을 많이 했다고 하신다.

독일 유학하시고 실용음악(피아노)을 전공하시면서 서울에서 공연도 하시다가 남편 따라 이곳 시골에 들어와 피아노 학원 하시며 내조하고 목사님은 목회 사역에 열정을 가지고 하셨다고 하신다. 그러던 어느 날 질병이 찾아와 고생하게 되었다는 것이다. 그래서 학원을 접어야 하였고, 알츠하이머까지 찾아와 가사일까지 목사님 몫이라고 하신다. 마음이 너무나 많이 아프다. 음료와 과일을 먹기 전에 기도하는데 눈물이 한없이 흐른다. 무슨 말로 위로할까. 내가 할 수 있는 것은 기도 한 마디로 하나님께 아뢸 것밖에는 없었다.

이제는 목회마저 손을 놓아야 하는 상황에 있다는 것이다. 출산율이 낮아지면서 인구가 줄어들고 젊은이들은 도시로 가고 남은 사람은 노인들뿐인데 그분들이 점차 생을 마감하면 교회 성도의 수는 줄어들 수밖에 없는 것이 어쩌면 당연하다. 이런 추세라면 시골 교회가 확 줄어드는 때는 그렇게 긴 미래가 아닌 것 같다.

이제는 농사도 사람이 짓는 것이 아니라 모두 농기구를 사용하여 짓기에 사람의 손이 필요 없게 된 게 현실이다. 출산율이 낮아 인구가 적어지는 것도 맞지만 농기구가 발달하여 사람 손이 필요 없고, 육체적으로 힘들어서 농사짓기가 너무 힘들다 보니 농기구는 더 발달하여 왔음을 배제할 수 없다. 또한 자녀 교육 문제도 고려해야 한다.

그러다 보니 농촌 교회에 젊은이가 없어지고 그나마 노인 성도라도 있었지만, 연세가 있다 보니 하늘나라의 부름을 외면

할 수 없음은 기정사실이다. 어떻게 하면 농촌 교회가 사라지지 않도록 할 수 있을까. 특별한 방책을 세우지 않고는 안 되는 것 같다. 한 사람이라도 구원하기 위해서는 대책 마련이 절실한데 부족한 내가 어떻게 할 수 있는 길이 없다. 하나님께서 독특한 지혜로 방법을 주시지 않고는 무엇이라 말할 수 있을까.

이곳저곳 교회를 방문하였지만 거의 비슷한 실정이고 그저 안타까운 마음으로 발길을 돌리며 위로의 한마디와 기도를 할 수밖에 없었다. 그렇다. 내 마음은 귀한 목사님들을 향하여 허리가 굽혀지고 고개가 숙여질 뿐이다. 무슨 말로 위로를 풍성하게 드릴 수 있을까. "하나님께서 부족한 저를 보내시어 작으나마 위로를 명하셨으니 넉넉하지는 않지만 위로가 되었으면 합니다."라고 마무리하게 된다. 수고가 많으시다고 깊은 인사를 드리게 된다.

하나님의 부름을 받았기에 노인 성도 한 분만 계셔도 예배드리고 기도하며 하나님께 경배드린다. 정말 존경스럽고 또 존경스러웠다. 그리고 생계를 유지하기 위해서 소일거리라도 찾아서 하셨다(작은 농토를 통해 자급자족하신 분도 계셨다).

이러한 상황에 놓인 목사님들을 작으나마 심히 부족한 나를 통해 위로하고 대접하시라는 하나님 말씀이었던 것 같았다. 방문한 교회를 나올 때마다 나는 하나님께 감사할 수밖에 없었다. 나도 모르는 사이에 내 마음과 입안에서는 하나님에 대한 감사가 울려 퍼졌다. “내게 이러한 기회를 주심을 감사드립니다. 한없이 부족한 종에게 명하여 주심도 감사드립니다. 아직 남아 있는 지역까지 잘 방문하여 마무리하게 하여 주십시오.” 다니다 보니 당시는 피곤할 줄 모르다 서울에 상경하여서야 피곤하여 이틀간은 크게 움직이지 않았다.

인구까지 줄어드는 상황에서 시골을 떠나는 사람이 많고 정보화시대 속에 살아가면서 교회에 출석하여 예배를 드리고 하나님께 영광과 경배를 드리기보다는 인터넷, 기독교 방송 채널을 통해서 말씀을 들으면서 굳이 교회 나갈 필요가 없다고 생각하는 사람이 늘고 있다. 그러다 보니 도시 교회 역시 양적 부흥, 영적 부흥은 축소된다고 볼 수밖에 없다. 이제는 영적으로 하나님을 갈망하는 시대가 점점 저물고 있다. 어떤 형태로든 하나님을 찾으면 천국 간다고 생각한다.

그렇지만 믿음이 자라기 위해서는 그래도 대면 예배가 필요하다. 갈수록 대면 예배 참석 성도는 줄어만 가고 방송 자막에 교회 계좌번호를 올려놓으면 마음이 가면 헌금을 드리기도 한다. 성경은 기록하고 있다. 주여! 주여! 하는 자마다 천국에 가는 것이 아니라 아버지의 뜻대로 행하는 자가 천국에 간다(마 7:21). 대면 예배는 매우 중요하다. 양은 목자가 있어야 자기 갈 길을 잘 찾아갈 수 있다.

이러한 현실로 인하여 자신도 모르게 이단에 빠져 헤어 나오지 못하는 경우도 허다하다. 이러한 실정은 도시 교회라고 크게 다르지 않아서 많은 도시 교회가 또 다른 모양으로 어려움을 겪고 있다. 코로나 이후 많은 교회가 문을 닫아야 했으며, 수천 개의 교회가 새롭게 개척하여 복음 전파의 사명을 가지고 교회를 세웠지만, 현실을 외면할 수 없어 개척은 버거운 것이 도시 교회의 현실이다. 이런 상황을 보니 영혼을 살려야 한다고는 하지만 누가 농어촌 교회에 가서 목회하려고 하겠는가. 눈물이 앞을 가릴 뿐이다. 하나님! 어떻게 하여야 할까요. 많은 생각이 드는 만남이었다.

이곳의 목사님은 건강이 좋지 않지만, 하나님께 받은 사명에 따라 묵묵히, 어려움이 있더라도 목회를 하고 계셨다. 복음을 전하라는 명을 최선을 다해 따르는 모습이 참으로 아름다웠다.

순창에서의 마지막 교회를 방문하였는데 이곳의 목사님은 앞서 방문한 교회들보단 원활하게 사역을 이어가고 계셨다. 그렇지만 시골의 현실에 대해 걱정하지 않을 수는 없었다. 물론 그 어떤 괴로움도 이겨낼 준비가 되어 있으신 분처럼 보였다. 서울에서 이 먼 전북까지 우리 목사들을 찾아오셨는데 음식을 대접하지 않는다는 것은 있을 수 없는 일이라며 교회 성도분이 운영하는 식당에서 대접하겠다고 하시어 기꺼이 함께 식당으로 이동하였다. 이 식당에서 송이버섯 설렁탕을 먹었다. 너무나 맛이 좋았다. 식사하고 목회적인 대화를 나누며 정겨운 시간을 보내고 헤어질 시간이 다가왔다. 또 만날 날이 된다면 뵙기로 하고 헤어졌다.

순창을 지나 임실로 이동하였다. 이곳에서 방문한 교회의 목사님은 부부 목회자셨다. 자녀는 아직 중학생인 젊은 분들이셨다. 모든 목회자가 그렇듯 이분들 역시 생명을 내놓고 충성을 다해 힘쓰시며 쉬지 않고 열심히 사역에 임하시는 분들이셨다. 힘든 현실 속에서 절망하거나 낙심하기보다는 앞으로 나아가는 데에 열정을 내는 분들이셨다.

목사님들을 여러분 만나다 보니 시간에 딱 맞게 만날 수 있는 것이 아니었다. 만남이 지체되는 경우도 종종 있었다. 새벽에 30분 늦게 출발하였던 것이 출근 시간이 겹치다 보니 아닌 게 아니라 차질이 발생하였다. 임실에서 만나기로 한 목사님께 출발하면서 전화를 드렸더니 교회에서 기다리다 늦게 오시려나 하고 약속이 있어 외부에 일 보러 나왔다는 것이다. 밤에 들어온다고 하면서 저를 만나러 숙소 인근으로 오시겠다는 것이다. 그럼 그렇게 하시라고 답하고 전주로 이동하였다.

그래도 이곳에서 만난 목사님은 앞선 목사님들보다 젊은 분들이셔서 복음 사역에 조금 더 탄력 있는 목회가 되지 않을까 싶은 마음에 감사하였다. 역시 대학생인 자녀를 두셨다. 교회는 매우 아름답게 건축되어 있었는데 비가 올 때 누수가 생겨 리모델링하여 그렇게 만들어진 것이라 하셨다. 리모델링하다 보니 재정적으로 많이 힘들고 어려운 상황이었다. 하나님만을 전폭적으로 믿고 의지하지 않고서는 결코 이 어려운 환경에서 목회하려는 목회자는 없을 것이다. 모든 목회자의 짐보따리를 풀어 놓으면 지금 상황에 어려움 없이 목회하는 분들은 없을 것이다.

힘들고 어렵겠지만 여러 교회를 다니다 이곳에서 젊은 목사님을 뵈니 앞으로 탄력을 가지고 목회하지 않을까 싶어 힘이 솟고 오히려 내게 위로가 되었다. 이런 젊은 목사님들이 농어촌에서의 복음 전파를 이끄는 희망이라고 할 수 있다. 그런데 이들은 농어촌 선교를 함에 있어 연세 드신 목사님들과는 다른 걱정이 있었다. 나이 드신 분들은 힘찬 활동을 하기에 육체적인 제한이 생겨 안타까워하는데 젊은 분들은 자녀를 교육해야 하기에 학자금 문제로 걱정을 많이 한다

여러 대화를 나누면서도 목사님은 내게 고맙다고 말씀하신다. "너무나 위로가 됩니다. 리모델링하고 한숨을 쉬고 있었는데 이렇게 찾아와 주셔서 큰 위로가 되었습니다."라고 하셔서 오히려 내가 더 고마웠다.

개인적으로나 교회를 통하여 농어촌 교회 목회자 자녀 학자금이나 숙소를 후원한다면 큰 힘이 되지 않을까 생각이 들었다. 대한민국의 교육 환경 속에서 자녀를 전폭적으로 지원해 주고 싶은 마음은 어느 부모나 같을 것이다. 그런데 경제적으로 부족한 농어촌 교회의 목사님들은 그런 것에 제약이 있어 참으로 안타까웠다. 그렇기에 이에 대한 지원이 절실하게 느껴졌다.

목회자들을 보면 한결같이 순수함이 가득하다. 팔도를 다니면서 눈물을 많이 흘린 것 같다. 내가 할 기도 제목이 늘었고 더 넓게 보고 더 깊이 생각하고 더 많은 분을 위로하며 살아야겠다는 생각이 많아졌다.

이곳 목사님과 헤어지고 숙소에 들어가 쉬려고 하는데 임실에서 만나야 했던 목사님이 8시경에 전화하셨다. 여기 전주에서 일을 다 보고 만났으면 하여 전화하셨다는 것이다. 전주에서 임실까지 거리가 있으니 여기서 잠시 만났으면 한다는 것이다.

"예, 그러세요. 그럼, 제가 숙소 1층으로 내려갈 테니 카페에서 잠시 만나시지요."

중학생인 따님과 함께 오셨다. 인근 카페로 갔다. 차를 대접하며 30분 정도 대화를 나누고 9시가 거의 되어 카페 영업시간이 마감이라 일어날 수밖에 없었다. 전주에서 임실까지 가려면 늦은 밤 운전에 어려울 것 같았다. 짧은 만남이 아쉽지만, 하나님의 지시하심에 드려야 할 선물을 차에 실어 드리고 헤어짐의 인사로 마무리하였다.

왠지 모르는 아쉬움이 여운을 남겼다. 이 여운은 무엇일까 싶다. 나는 마음으로 하나님께 기도드렸다. "하나님! 오늘 다섯 교회의 목사님을 만나고 교회를 방문하였습니다. 오직 하나님께 영광을 드립니다. 다니게 하시고 만나게 하시고 대접하게 하신 하나님의 크신 은혜가 아니었으면 어찌 이 귀하신 목사님들을 만나 차를 마시고 함께 식사하며 '하나님의 은혜입니다'라고 담소를 나눌 수 있었겠습니까. 하나님! 앞으로도 변함없는 사랑으로 함께하시리라 믿습니다."

대한예수교
장로회

6차. 경북

뜻밖의 상황이 벌어졌다. 위기에 처한 상황이었지만 중간에 되돌아갈 수 있는 것도 아니었다. 2025년 3월 3일 경북의 교회들을 방문하려는데 전국적으로 눈이 내렸다. 택배기사가 어딘들 못 가겠는가. 하나님의 명을 어길 수 없기에 울진으로 출발하였다.

작년 9월에 이 일을 시작한 후 정말 분주하게 5개 지역을 다녔던 것 같다. 출발하려고 할 때마다 마음은 기쁨과 감사, 설렘으로 가득하였다. 2025년 새해를 맞아 분주하게 2개월을 보냈다. 그리고 이제 농어촌 목회자 대접을 위해 계획한 일정이 다가왔다.

인간인지라 한해가 지난 후 다시 일정을 진행하려 하니 작게나마 다른 마음이 들기도 했다. 설렘이 가득하지만 오가는 과정이 힘들고 운전하는 것도 쉽지 않다. 멀리는 400km 넘게 가야 하고 왕복 900km를 달렸을 때도 있다. 그러다 보니 나머지 세 지역의 방문을 시작하는 게 조금 부담이 가기도 했다. 그러나 한 번 시작 하였으니 이젠 아무리 힘들고 어려워도 마무리를 잘하는 것이 가장 중요한 일이며 이를 훌륭히 완수해야 한다. 하다가 중단하는 것은 하지 않는 것만 못하다.

지난 2, 3일 전부터 일기예보에서 강원도 산간 지역은 눈이 70cm가 온다고 하였다. 내가 가야 할 곳이 삼척 옆에 있는 울진이었기 때문에 나름 신경이 쓰였다. 다만 울진에 3~10cm 정도 눈이 온다고 예보가 되어 있어도 현재는 봄이니까 기온이 따뜻하여 눈이 금방 녹을 것이라 대수롭지 않게 생각하였다. 동행할 권사님도 "목사님, 눈이 많이 안 왔으니 괜찮지 않겠어요? 방문하기로 하였는데, 기다릴 것인데 눈 조금 왔다고 가지 않는 것도 이상하지 않을까요?" "그것은 그렇지요. 그럼 갑시다."

출발 2주 전에 그곳 목사님과 통화하였을 때 교회 주소를 치면 내비게이션이 산길로 안내하여 길이 험하니 울진읍을 검색하고 경부고속도로 오면 길이 좀 괜찮을 것이라는 얘기를 해 주셨다. 비록 날씨는 궂었지만, 눈이 적게 오리라는 긍정적인 마음을 품고 수월하게 다녀올 수 있다고 생각하였다.

3월 3일, 새벽예배를 마치고 잠시 기도하고 5시 50분에 이은자 권사님과 설레고 기쁘고 즐거운 마음으로 울진으로 출발하였다. 어떤 상황에서도 하나님께서 친히 지키시고 안전하게 인도하여 주시리라 믿고 출발하였다. 출발할 때 아주 조금씩 눈발과 비가 섞여서 오고 있기는 하였지만 서울에서는 염려할 부분이 아니었고 혹 눈이 온다고 할지라도 고속도로는 문제되지 않는다고 생각하였다. 경부고속도로에 들어섰지만, 제설 작업이 잘 되어 있고 큰 문제가 없어 오기를 참 잘하였다고 생각했다. 울진에 가기까지 날씨가 크게 변하지 않으리라 생각하고 열심히 고속도로를 달리고 달렸다. 휴게소도 가능한 한 통과하기로 하였다.

서울에서 목적지까지는 350km 정도 되었다. 오전 10시~10시 30분이면 도착할 것으로 예상하고 열심히 200km를 넘게 달려왔다. 경부고속도로 끝이 보였고 이제 울진읍으로 가기 위해 국도로 접어들었다. 그런데 이상할 정도로 눈발이 갈수록 강해지기 시작하였다. 앞이 잘 보이지 않을 정도로 눈이 흩날렸다. 그리고 도로는 제설 작업도 제대로 되어 있지 않았다. 다른 차가 지나간 흔적을 보며 조심하기 시작하였다.

도착지의 목사님들과 통화하였더니 두 교회는 눈이 많이 와서 이미 고립되었다고 하신다. 그래서 고립되지 않은 한 교회에서 만나자는 것이었다. 알겠다고 하였다. 일기예보만 보고 출발하였기에 예상하지 않았던 일이 벌어졌다.

경북에 들어서니 앞이 보이지 않아 천천히 운전하였다. 눈이 너무 많이 오니까 앞이 보이지 않았다. 한참을 가다 좌회전하는데 일방통행 길이었다. 이상하다는 생각이 문득 들어 초입에서 나뉘는 길목을 조금 지나 차를 세웠다. 한 차량이 마주 보고 오기에 손을 들어 차량 문을 열고 손짓하였더니 상대 차량이 차 문을 열었다. 80대 어르신 두 분 정도 할머님들을 태우시고 운전하는 분이셨다. "여기는 일방통행입니까?" 하고 물었더니 맞다는 것이었다. "후진하여 옆길로 가세요."라고 말씀해 주셨다. 후진하는 중에 경찰차가 왔다. 친절하게 2m만 더 후진하여 차를 돌리라고 해주셨다.

앞이 제대로 보이지 않을 정도로 폭설이 내려 제대로 길을 알기에 어려움이 컸다. 도로를 제대로 주행하기 너무 힘들었다. 정말 웬일인가. 이렇게 폭설이 내릴 줄은 상상도 못 하였다. 이렇게 많이 올 줄 알았다면 오늘 출발하지 않았을 것이다. 경북 울진 일기예보로는 눈이 3~10cm 정도 온다고 해서 봄이고 하니 금방 녹을 것으로 생각하고 출발한 것인데 눈앞에 보이는 것은 그것이 아니었다. 정말 위험한 도로주행을 하였다.

그렇지만 주님이 우리의 갈 길을 안전하게 지켜주시리라 믿었다. 차분하게 천천히, 안전을 우선하여 움직이고자 하였다. 그리고 한참을 조심조심 가면서도 미끄러지지 않기 위하여 타이어 한쪽은 눈이 많은 쪽에 한쪽은 눈이 덜한 쪽으로 운전하였는데 차가 미끄러지는 것이었다. "어! 어! 차가 미끄러지네? 어떻게 하나. 이 권사 차가 미끄러진다." 큰일 났다. 어떻게 다른 말이 나오지 않았다. 한 20m를 미끄러져 갔다. 차가 눈이 많이 있는 쪽으로 미끄러지는 것이었다. 브레이크를 밟으면 차가 돌아 버릴 것인데 심장이 콩닥콩닥하였다.

죽기 아니면 살기라는 마음으로 핸드브레이크를 잡아 올려야겠다고 마음먹었다. 마약 핸드브레이크를 올렸을 때 차가 오른쪽으로 미끄러지면 이 권사가 위험할 것이다. 그가 다치면 안 된다. 아직 대학생 아들이 있기 때문이다. 죽어도 내가 죽어야 한다는 생각을 가지고 미끄러지면 운전석 쪽으로 핸들을 돌려야 한다고 생각하였다. 힘차게 핸드브레이크를 잡아당

졌다. 그때 순간 차가 돌지 않고 그대로 멈추었다. "오! 하나님 감사합니다. 감사합니다. 감사합니다."

기적 같은 일이다. 가슴을 쓸어내리며 1, 2분 안정을 취하고 밖으로 나가 보았다. 울게 되었다. 이제 살았다. 하나님의 계획하신 일인데 어려움은 있지만 죽겠는가. 죽은들 이유가 있겠지 싶었다. 차 밖으로 나가 살펴보았다. 미끄러진 차가 눈을 밀고 오면서 차량 번호판 위에까지 눈에 덮였다. 차 안으로 들어가 운전하려고 앞뒤로 진행하여 보지만 가지 않는다. 그냥 그 자리에서 바퀴만 움직일 뿐이다. 둘이 차 밖으로 나가 눈을 치워보려고 하였으나 쉽지 않았다.

차 안으로 들어가서 119에 신고하니 일단 보험사에 전화하라는 것이었다. 그래도 안 된다고 하면 핸드폰 위치 추적하고 있다가 출동하겠다고 하였다. 보험 회사에 전화하여 위급 상황을 말하니 안내 직원은 출동 직원께 연락드리라고 할 테니 조금만 기다려 달라고 하였다. 조금 후 출동 직원으로부터 전화가 왔다. 어떤 상황인지를 물었다. 긴급 상황을 말하고 위치를 사진 찍어 보내고 난 후 오기만을 기다렸다. 30분을 기다렸을까. 보험 회사 직원이 또 전화했다. 차가 어떤 상태인지를 물었다. 눈에 박혀있다고 하니 차가 움직이지 않느냐고 물었다. 시동이 꺼졌냐고도 물어 시동은 켜있다고 답하였다.

그러자 조금만 기다려 달라고 하였다. 한 20분 정도 있으니까, 출동 직원이 레커차를 가지고 오셨다. 그리고 10~15분 정도 여러 방법을 통하여 눈 속에서 차를 꺼내주었다. 기사님이 운전하고 갈 수 있을지 물으셔서 천천히 가보겠다고 대답하였다. 어린아이 걸음마 하듯 아주 천천히, 안전하다는 생각이 드는 곳까지 운전하며 갔다.

고립되지 않은 목적지 교회는 전방 25km 정도 남아 있었다. 주변에 고립된 동네도 많았다. 이 상황을 무엇이라 말할 수 있을까. 눈물이 앞을 가린다. 차가 미끄러져 눈에 박혀 움직일 수 없을 때 고립되어 있지 않은 교회 목사님께 전화해 상황을 알리는데 눈물을 흘리며 말하였더니 그 목사님도 울먹이는 목소리로 "조심히 오세요. 기다리겠습니다."라고 하셨다.

눈 속에서 차를 빼낸 후 마음을 가다듬고 교회를 향하여 갔다. 25km를 1시간을 넘게 걸려서야 목적지 교회에 도착하였다. 날씨가 이런데 왜 왔을까 하는 후회는 없었다. 목적지에 왔으니 해야 할 일을 완수하여야 한다는 마음뿐이었다.

그리고 드디어 첫 번째 교회 목사님을 만났다. 두 따님과 함께 계셨다. 차를 마시며 이야기를 나눴는데 두 따님은 아직 고등학교 1학년 학생이라고 하셨다. 사모님은 몸 전체에 염증이 생겨 입원하여 계셨다. 참으로 안타까운 일이다. 누가 건강을 장담하겠는가. 서로 간에 이런저런 대화를 나누다 보니 시간이 훌쩍 지났다. 교회에서 나오려 하니, 목사님이 두 교회는 갈 수가 없고 현재 고립된 상태이니 전화해 보겠다고 하셨다. 통화 후 갈 수 없다고 하셨다.

눈이 쌓여 못 가니 두 분 목사님은 우리에게 한 카페에서 만나자고 하신다. 점심 식사 후 2시쯤 카페에서 사모님들과 함께 만났다. 그분들은 우리가 이곳 경북에 온 이유에 관하여 듣고 놀라셨다. 한 분 사모님이 말씀하신다. “우리 목사님한테 목사님 오시지 마시라고 전화 좀 드리라고 했는데 전화하지 않으셨어요. 얼마나 고생하셨어요.” 나는 답하였다. “그래도 무사히 목사님들을 만날 수 있으니 됐지요. 이것이야말로 주님의 큰 은혜 중의 은혜입니다. 무탈하여 목사님과 사모님들을 만날 수 있었잖아요.”

그리고 도로에서 고립된 상황에 관한 얘기를 나누면서 그 힘든 상황에 내 마음은 사실 울고 있었다고 이야기하였다. 그리고 내 마음 깊은 곳에서 복음송이 울려 퍼지고 있었다고 말하였다. 한 분 목사님이 "어떤 찬양 이셨나요?" 물으셨다. 그래서 내가 작은 목소리로 "광야 같은 세상에 곤한 내 영혼이 가나안을 향하여 걸어가는 인생길..." 하고 부르니 나와 동행한 권사님이 내 옆에 앉아서 눈물을 계속 훔쳤다. 그랬더니 목사님 사모님들이 숙연해진다. 나는 '하나님의 계획하신 일로서 하는 것인데 어찌 무슨 일이 일어나겠는가'라고 생각하였다고 말하였다.

목사님 두 분은 젊은 분들이었다. 나이는 40대 후반과 50대 초반인데 누구나 도시 교회에서 목회하며 자녀를 교육하고 싶었을 것이다. 그런데 그러지 않고 어디든 주님이 주신 복음 사역을 삼낭하여야 한다는 일념으로, 바쁜 일손이 필요할 때는 동네 분들의 농사일을 도우며 복음을 전하며 사역하신다는 것이다. 이는 결코 쉬운 일이 아니다. 그렇지만 오직 하나님의 명령이니까 순종하여야 한다는 그 모습에 고개를 숙이게 된다. 그분들은 나를 보고 순종하심이 대단하다고 하시지만 나는 오히려 그와 반대로 생각하였다.

이렇게 애쓰고 수고하신 농어촌 목사님들께 우리 한국교회 목사님들이 더 관심과 사랑을 주시면 어떨까 싶다. 물론 최선을 다하여 선교하는 교회도 많다. 없다는 것은 결코 아니다. 한국 교회가 130여 년 전에 외국인 선교사로부터 복음을 듣고 전 세계에 말할 수 있는 교회의 양적, 질적 부흥이 일어난 것은 사실이다. 그래서 한국교회는 작으나마 그 빚을 갚기 위하여 교단과 교회들이 국내외적으로 선교사를 파송하거나 후원하고 있다. 본국의 어렵고 열악한 환경에서도 소리 없이 복음을 전하신 목사님들께도 사랑과 관심을 두고 있지만 그래도 미처 손이 닿지 않기도 하다.

참으로 경북에서의 여정은 힘든 과정이었다. 목숨이 위태로웠던 상황이 있을 수밖에 없는 날씨였기에 다른 지역보다 기억에 남을 것 같았다. 눈 때문에 힘들게 운전하였던 탓일까. 몹시 피곤하고 지쳤다. 조금 이른 저녁을 먹고 숙소에 일찍 들어가 쉬기로 하였다. 늦어도 내일 오전 10시에는 움직여야 한다. 내일도 눈이 온다고 하니 염려는 되었다.

다음날 여전히 눈이 오고 있다. 서울로 올라갈 때 미끄러운 눈길을 조심히 하여 가야 한다. 경부고속도로에 무사히 진입하는 것이 중요하다. 경부고속도로는 제설 작업이 잘 되었기에 안전하다고 생각되기 때문이다. 눈발이 날리니 마음에 여유가 없다. 긴장을 한순간도 놓을 수 없었다. 어서 경부고속도로에 진입하기만 바랐다. 앞이 보이지 않을 정도로 눈발이 강하다. 운전대를 잡은 손바닥은 땀이 마를 시간이 없다. 드디어 고속도로에 진입하자 이제 살았구나 싶었다.

한참을 달리다 보니 휴게소가 보인다. 휴게소에 들어가 숨을 돌리고 라면 한 그릇 먹고 가자고 옆에 있는 권사님께 제안하였다. 30분 정도 쉬었다. 찬송을 힘차게 부르게 된다. 어떤 찬송이든 마음과 생각에서 나오는 대로 불렀다. 열심히 달린 끝에 몇 시간이 흘러 우리 교회에 도착하니 오후 5시가 되었다. 성전으로 들어가 울면서 "하나님! 감사합니다. 당신이 계획하시고 진행하시는 일이었기에 안전을 보장하셨던 것입니까. 감사드립니다. 무사히 올 수 있어 감사합니다. 앞으로 남은 지역도 함께 하여 주십시오. 아멘"이라고 기도드렸다.

7차. 충남

찬송 463장 < 신자 되기 원합니다 >

신자되기 원합니다. 진심으로 진심으로
신자되기 원합니다 진심으로
진심으로 진심으로 신자되기 원합니다. 진심으로

사랑하기 원합니다. 진심으로 진심으로
사랑하기 원합니다 진심으로
진심으로 진심으로 사랑하기 원합니다. 진심으로
거룩하기 원합니다. 진심으로 진심으로
거룩하기 원합니다. 진심으로
진심으로 진심으로 거룩하기 원합니다. 진심으로

예수 닮기 원합니다. 진심으로 진심으로
예수 닮기 원합니다. 진심으로
진심으로 진심으로 예수 닮기 원합니다. 진심으로

천안과 공주에 간다. 귀한 목사님들을 대접하러 가는 설레는 마음은 어느 때나 변함이 없다. 인간의 마음과 생각으로 하였다면 이렇게 기쁘지 않았을 것이다. 하나님께서 주시는 마음이 아니고는 이런 마음이 될 수가 없다. 지금까지 60년 넘게 살아오면서 타인을 대접하는 것에 이 정도로 설레는 마음인 적은 없었다. 그런데 왜일까. 이는 분명 하나님께서 명하시는 일이시기에 더욱 그럴까? 자신에게 반문하게 된다. 그러니 감사치 않을 수가 없다.

여행을 갈 때도 설레는 마음을 안고 떠나곤 한다. 그리고 여행을 마치고 돌아올 때 마음에 기쁨이 넘치는 것도 사실이다. 그러나 여행보다 더 설레는 것은 바로 목사님들을 만나 대접하는 선교의 일이기 때문임에는 의문의 여지가 없다. 오늘도 새벽 예배를 마치고 한 권사와 함께 가게 되었다.

오늘 충남으로 가는 거리는 120km 정도 된다. 이전의 장거리 운전에 비하면 3분의 1에 그친다. 마음 한편으로 거리에 있어 부담은 덜 하다. 2시간 30분이면 가는 거리이기에 이번에는 휴게소에 들러 라면도 한 그릇 먹고 가기로 하였다. 여행길 휴게소에서 먹는 음식 중 다른 어떤 음식보다도 나는 라면이 최고라고 생각한다. 휴게소에서 먹는 라면은 왠지 다른 날보다 훨씬 맛이 좋다.

9시 5분 전, 천안의 첫 번째 교회에 도착하였다. 교회에 아무도 없었다. 목사님께 전화를 드렸다. 받지 않으신다. 다시 전화했더니 통화 중이었다. 잠시 후 전화가 왔다. 지금 교회로 가는 중이니 잠시만 기다려 달라고 하신다. 9시 10분쯤에 오셨다. 차에서 목사님께 드릴 선물을 내리고 교회로 들어갔다. 잠시 기도를 드리고 여기 온 이유를 말씀드렸다.

"목사님! 내가 여기 와서 목사님을 만난 이유는 딱 한 가지입니다. 하나님의 지시하심에 순종하기 위하여 설레는 마음을 갖고 오게 되었습니다. 지금까지 이곳저곳 가서 만나는 목사님들 중 95%는 처음엔 경계하고, 왜 이유 없이 선물을 준다는 것인지 의문점을 가지고 계셨습니다. 더도 덜도 아닌 순전히 대접하러 왔습니다. 3~4분간 제 얘기를 들으면 목사님들이 마음을 열고 말씀을 하십니다."

이렇게 말씀드렸더니 나의 진심을 아신 목사님은 이야기보따리를 열기 시작하셨다. 본인의 지난날 사역에 있어 어려웠던 일, 무시와 조롱으로 인해 힘들고 상처받았던 일들을 1시간 넘게 말씀하셨다. 시골에서 복음을 전하다 보니 농사철에 그냥 있을 수 없어 농사일을 도와드리면, 주일에 교회로 오신다고 한다. 다만 예수 믿고 교회 다니려는 뜻이라기보다, 목사님 오셔서 도와주셨으니까 하며 품앗이라고 말씀하셨다고 한다. 농기구 사용하는 것도 어깨너머로 배우셨다고 한다. 농촌에 복음을 전하려면 말씀만 가지고는 안 된다고 하신다.

처음 같았으면 5분도 앉아 있기 어려웠을 텐데 이제는 쉴 새 없이 말씀하신다. 말씀을 마치신 후 커피 한잔을 권하셨다. 이제 다른 교회로 이동하여야 한다고 거절하였더니 그래도 커피 한잔하라고 하시기에 더 이상 거절할 수 없어 알겠다고 하였다. 목사님은 커피를 끓여 주시고는 히터를 틀어 주시기까지 하셨다. 커피를 마시는 중에 사모님이 오셨다. 그리고 30~40분 더 이야기하고 일어나려 하니 식사를 권하셨다.

한 식당에 들어가 코다리찜과 시골 된장국을 대접받았다. 식사하는 중에 사모님께서 말씀하시며 눈물을 흘리셨다. 목회를 접자고 하셨단다. 너무 힘들고 무시당하고 한 사람이 교회 전체를 흔들어 놓고 떠나는 일로 상처를 많이 받으셨다는 것이다. 마음이 너무 아팠다. 충분히 공감이 간다. 말도 안 되는 내용으로 무시하고 흠을 잡아서 괴로움을 주는 사람들이 있다.

목회하는 것이 죄인가. 오직 하나님께서 부르셔서 천국 복음을 전할 뿐인데 자신들에게 큰 잘못을 한다는 식으로 대하는 사람이 종종 있다. 외지인이라고 여기기 때문이기도 하다. 인생을 살아가면서 흠 없는 사람 어디 있으며 실수하지 않는 사람이 어디 있겠는가. 목회자는 무시당해도 괜찮은 사람으로 취급하고 함부로 대하여도 괜찮다고 생각한다면 참으로 잘못된 사람일 것이다.

상처 없는 목회자는 없다. 어찌 보면 목회자는 상처투성이다. 지금이 1950, 60년대도 아닌데 으레 목회자는 가난해야 하고 못 입고 못사는 것이 당연하다고 생각하는 분들이 있다. 사실 경제적으로 힘들지 않은 목회자는 거의 없을 것이다. 그래도 천국 복음을 전하는 일로 주님을 영접하게 하고 천국으로 안내하는 것이 목회자의 일이건만 목회자를 자신들의 스트레스 해소 대상으로 여기는 이들이 있다.

왜 그럴까. 복음을 전하는 것이기에 속상한 말을 들어도 참고 견디고 이해하고 살아가는 것이 목회인가 싶다. 주님이 인류를 위해 희생하셨기에 우리도 주님을 닮아가는 것은 참고 또 참고 인내하고 또 인내하는 일이지 않겠는가. 상처가 아물기도 전에 다시 상처가 나고 덧나서 더 아프고 또 아프다.

이후 공주로 이동하여 또 다른 목사님도 만났다. 역시 처음엔 경계하신다. 내 얘기를 듣고서야 지난날 힘들었던 삶의 보따리를 푸신다. 너무 힘들어서 첫째 아이가 이유식을 해야 하는 시기에 밥과 김치를 먹였다며 눈물을 글썽이신다. 이곳 교회에 부임한 지 1년이 좀 넘었는데 한쪽에서 1년 넘었으니까 보내야 하는 게 아닌지 이야기한다는 것이었다. 몹시 불안해하는 모습이었다. 말씀을 다 하시고 좀 더 있다가라고 하신다.

마음이 많이 외롭고 대화할 사람에 대한 그리움도 있구나 싶었다. 그러나 어쩔 수 없이 일어나야만 하였기에 함께 기도드리자 하고 기도하는데 목사님이 눈물을 흘리시는 것이었다. 기도를 마치고 악수하며 손등을 토닥이며 "힘을 내십시오. 분명 하나님의 또 다른 뜻이 있을 것이고 이곳 사역지에서 이동하게 하실 때는 더 멋있게 목회하실 수 있도록 적극적으로 인도하시고 뒤에서 미시며 사역에 탄력을 갖게 할 것입니다." 위로하고 발길을 돌리는데 아쉬움이 많이 남는다.

하나님께서 이렇게 다니면서 목회자를 대접하는 선교를 하시라고 한 것이 바로 이래서일까. 모두 그렇지는 않을 것이라고 생각하여 본다. 농어촌 사역지에서만 이런 일이 있는 것은 아니다. 모든 사역지에서 목회자의 95%는 이런 아픔과 고통을 겪으면서 사역할 것이다. 사실 목회자는 잘못이 없는데 무시와 조롱과 핍박을 겪는다. 성경에서도 선지자들과 사도들이 표현할 수 없는 핍박을 받았음을 기록하고 있다.

사순절
특별새벽기도회

welcome
상서교회에 오신 것을
환영합니다

8차. 충북

찬송 191장 < 내가 매일 기쁘게 >

내가 매일 기쁘게 순례의 길 행함은
주의 팔이 나를 안보함이요.
내가 주의 큰 복을 받는 참된 비결은
주의 영이 함께함이라.
성령이 계시네. 할렐루야 함께 하시네.
좁은 길을 걸으며 밤낮 기뻐하는 것
주의 영이 함께함이라.

전에 죄에 빠져서 평안함이 없을 때
예수 십자가의 공로 힘입어
그 발 아래 엎드려 참된 평화 얻음은
주의 영이 함께함이라.
성령이 계시네. 할렐루야 함께 하시네.
좁은 길을 걸으며 밤낮 기뻐하는 것
주의 영이 함께함이라.

나와 동행하시고 모든 염려 아시니
나는 숲의 새와 같이 기쁘다.
내가 기쁜 맘으로 주의 뜻을 행함은
주의 영이 함께함이라.
성령이 계시네. 할렐루야 함께 하시네.
좁은 길을 걸으며 밤낮 기뻐하는 것
주의 영이 함께함이라.

세상 모든 욕망과 나의 모든 정욕은
십자가에 이미 못을 박았네.
어둔 밤이 지나고 무거운 짐 벗으니
주의 영이 함께함이라.
성령이 계시네. 할렐루야 함께 하시네.
좁은 길을 걸으며 밤낮 기뻐하는 것
주의 영이 함께함이라.

농어촌 교회 목회자들을 만나는 선교여행을 떠나려 하니 여전히 3일 전부터 설렘과 들뜬 마음으로 가득하다. 출발하기 전 이틀 전부터 일기예보 상황을 살피지 않을 수 없다. 21일은 전국적으로 날씨가 매우 좋다고 하는데 다음날 22일은 전국적으로 비도 오고 강풍도 분다고 한다. 21일 오후까지 방문이 마무리되니까 그날 비가 오지 않는 것만도 다행이었다. 사실 마음 한구석에서는 지난 3월 3일 따뜻한 봄날에 갑자기 폭설이 내렸던 경북에서의 일을 잊을 수가 없다.

그러나 이번엔 비가 22일에 온다고 하니 그 또한 감사할 일이다. 이번엔 충북을 가는데 가장 먼저 방문할 교회는 보은에 자리 잡고 있다. 서울에서 거리는 220km 정도 된다. 서울에서도 지역에 따라 다르기는 하지만 시간상으로 3시간 정도 걸린다. 물론 변수가 발생할 수 있음을 배제할 수는 없다.

새벽 6시에 출발하기로 하고, 방문할 교회 목사님께 드릴 여러 가지 것들을 전날 차 트렁크에 싣고, 당일에는 냉동된 곡국을 스티로폼 상자에 최대한 녹지 않도록 잘 포장하여 실었다. 하나님 나라의 택배기사로서 임무를 잘 수행하기 위하여 살피고 살펴서 차질 없게 준비해야 한다. 그리고 새벽예배와 기도를 마치고 출발하였다.

가는 과정에 먹어야 할 간식거리도 챙겼다. 구운 고구마와 유산균음료, 커피를 보온병에 담아 졸음운전을 하지 않기 위해서 준비하였다. 단 먹고 싶다고 많이 먹어서도 안 된다. 생리현상으로 인한 시간 지체를 최대한 줄이기 위해서다. 즐겁고 행복하다. 그 이유는 단 한 가지이다. 하나님의 말씀에 순종하기 때문이다. 정말 감사하고 감사할 뿐이다.

필자는 60대에 나이에도 장거리를 운전하고 달릴 수 있음에 눈물을 흘리며 감사하다. 산천초목이 아름답게 푸르고, 흰색, 분홍색, 빨간색 등이 산과 들에 찬란하며 꽃들이 내게 응원해 주는 듯하다. '수고 하세요. 하나님 말씀에 순종하심에 응원하고 응원합니다. 내가 이렇게 예쁜 꽃을 피우듯이 귀한 목사님들을 위로하고 대접하러 가는 모습에 하나님께서 영광 받으신답니다.'라고 말하며 나를 바라봐 주는 것 같다.

오늘도 여전히 나와 동행하여 준 이은자 권사님께 무한히 감사하다. 본인 사업장에서의 업무가 분주함에도 함께하여주니 말할 수 없이 기쁘고 흐뭇하다. 힘들고 어려워도 웃음을 잃지 않고 서포트 역할을 잘 해준다.

열심히 달려가며 중간중간에 간식도 먹으며 간다. 1시간이 흘렀다. 이제 앞으로 90km 남았다. 도착시간은 8시 45분쯤 될 것 같았다. 그곳 목사님께 전화했더니 잘 알겠다고 하셨다. 교회에 도착하였을 때 교회 담임 목사님이 아닌 매제인 협동 목사님이 교회 마당에서 우리를 반가이 맞아 주셨다.

그리고 15분 지나자 담임 목사님이 오셨다. 성전에서 30여 분 교회 상황과 실정을 말씀해 주셨다. 여러 마을 회관에 다니면서 어르신들에게 복음을 전하기 위하여 춤을 추고 트로트도 부르면서 예수님을 전하신다고 말씀하셨는데 그곳 지역 실정에 맞게 음악을 통하여 영혼을 구원하려는 열정이 대단하셨다. 또한 국수 잔치를 열어 동네 분들을 초대하여 복음을 전하고자 노력한다고도 하셨다.

목사님들의 목회 방법은 참으로 다양하다. 최대한 한 영혼이라도 구원하는 데 목적을 두고 열정을 가지고 오늘은 이곳 내일은 저곳에 복음을 들고 다니신다. 도시든 농어촌이든 영혼을 살리고자 복음을 전하는 일이 쉬운 것은 아니다. 개인의 유익을 위하는 일이 아니요. 오직 타인이 사후에 찬란한 천국에 이르게 하기 위함이지만 사람들은 쉽게 천국 복음을 받아들이지 못한다. 목사님은 할 수 있는 그날까지 하나님의 전을 지키면 오직 하나님의 영광만을 위하는 삶을 이어가야 한다는 다짐을 말씀하신다. 그리고 함께 기도한 후 자리를 옮겨 다른 교회로 가게 되었다.

이제 음성으로 이동하게 되는데 보은에서 1시간가량 걸렸다. 내비게이션을 보니 거리가 좀 있었다. 그런데 가는 길이 도로 공사로 인하여 매우 복잡하였다. 새롭게 길을 만들고 포장하느라 교회로 가는 길이 막혔다. 돌고 또 돌고 또 도는 과정을 거쳤다. 그러다 결국 방문교회 목사님이 우리가 오도 가도 못한 상황에 멈춰버린 도로에 마중 나와 주셨다. 그리하여 겨우 교회에 도착하였다. 도착하고 보니 교회가 멀리서는 잘 보이지 않을 것 같았다. 풀에 가려져 있기 때문이었다.

목사님을 뵈었을 때 젊으신 목사님이신데도 왠지 모르게 멋있는 참 목자상이셨다. 매우 겸손함으로 꽃 피워 복음의 향기를 내는 목사님이셨다. 여기 교회를 표현한다면 밭과 밭 사이에 교회가 있다. 밭과 밭 사이에 교회가 있어 길에서 보기에는 풀에 가려져 교회가 있는지 잘 알 수가 없다. 참으로 한적한 곳에 교회가 있다. 평온함 그 자체였다. 한적한 시골이지만 더더욱 평온함을 느끼게 되었다. 도시 교회들처럼 웅장하거나 멋스럽지는 않지만, 경건과 거룩이 더 아름답게 어우러져 있어 주님의 거룩함의 향기로 가득하였다.

오래전 처음 개척 당시에는 축사였는데 개조하여 교회로 단장하였다고 한다. 그리고 2002년에 샌드위치 패널로 건축하여 한쪽은 사택으로 사용하고 있었다. 목사님이 이곳에 올 때에는 미혼으로 와서 배우자가 되신 귀한 사모님을 만나 결혼하여 19년 되었는데 자녀분은 18세 고2이다.

이곳에 와서 복음을 전하기 위하여 농사일도 돕고, 경험 없는 농기구도 어깨너머로 배워가며 일을 도우면서 지금까지 왔다는 것이다. 목회자들이 자주 떠나니까 성도들이 목사님을 보자마자 목사님은 언제 가실 것이냐고 물었다고 한다. 사역자들이 전도사 때 와서 3년 정도 지나면 목사 안수를 받고 다른 사역지로 이동하기 때문이다. 그런데 어느덧 19년이 되었다는 것이다.

시골의 사역은 한없이 힘들고 어렵다는 실정을 말씀하실 때 눈물을 머금게 된다. 사모님이 학원에서 영어 교사 알바를 하면서 생계를 유지하고 계셨다. 목사님도 소일거리라도 찾아 알바를 하면서 생활에 보태고 계셨다. 또한 아드님이 내년에 대학에 가기 때문에 경제적인 지원이 염려된다고 하셨다. 이처럼 금전적으로 힘든 부분이 많은 것이 농어촌 목회의 현실이다.

대화를 마치고 함께 눈물로 기도하고 헤어지게 된다. 이곳에서 그다지 멀지 않은 곳에 교회가 있다.

2시가 되었는데 아직 아침도 점심도 먹지 못하였다. 힘들고 피곤하였다. 새벽 4시부터 지금까지 쉴 틈 없이 운전하고 목사님들을 만나니 조금은 힘들다는 생각이 든다. 나머지 교회는 점심을 먹은 후 찾아뵙도록 하겠다고 연락을 드리고 인근 식당에서 식사하고 나니 4시가 다 되어 간다.

다음 교회는 논과 밭 사이에 있는 교회였다. 이곳은 곤충 소리, 개구리 소리 등이 다채롭게 들리는 아름다운 자연의 분위기가 고스란히 느껴지는 곳이었다. 앉아 있으면 시 한 편이 절로 지어질 듯하였다. 누워만 있어도 시집이 읽어지고 성경이 읽어지면서 거룩하신 하나님을 만날 듯하였다.

목사님은 매우 순수하시며 소박하고 때 묻지 않은 분처럼 보였다. 아주 아름답게 복음을 전파하는 분이라는 생각이 들었다. 10년 전 이곳 동네에 개척하려 하니 동네 주민들이 교회를 세울 수 없다고 길을 막아 도저히 교회를 제대로 세울 수 없었다고 한다. 그러다 어찌 할 수 없어 부모님이 만들어 놓으신 농막을 아름답게 꾸며 하나님의 성전으로 개척하게 되었다는 것이다.

누가 보아도 매우 평온해 보이는 성전이었다. 비록 협소하지만, 주님이 함께하시는 곳은 그 어디나 하늘나라가 아닌가. 만나다 보면 1시간은 금방이다. 이런저런 음료로 대접하며 밝게 미소를 지으며 찾아 주고 위로하여 주셔서 감사하다고 하며 쑥스러워하신다. 선물을 전하고 자리에서 일어나 미지막 교회로 갔다.

한 20분 거리에 교회가 있었다. 50대 초반의 목사님이 기쁘게 반겨 주신다. 감사하고 고맙다. 마지막으로 만난 목사님은

16년 전 나와 연세 연합신학대학원에서 코칭 상담 공부를 함께 하였던 목사님이다. 이곳 교회는 읍내 아파트 단지 내에 있었고 상가 내에 있는 자가 교회였다. 모든 것이 안정되게 목회하고 계셨다.

과거 16년 전에 부목사로 사역하실 때 열심히 하던 그 모습 그대로 사역하시는데 상황과 환경이 어찌 되었든 밝고 기쁘게 흥이 나는 모습으로 사역하신다. 앞으로 하나님이 어떻게 인도하실지 모르지만, 인도하시는 대로 순종하며 최선을 다하여 복음 전파의 열정을 잃지 않으려 한다고 하신다. 목회와 상담 사역을 겸하시는데 이러한 부분에도 열심을 다하는 모습을 보이셨다.

사실 주님이 방문을 명령한 교회들이라 만나고 나면 급한 파도처럼 몰려왔던 피로감이 한순간에 사라지곤 한다. 또 천국의 소망을 품고 사는 사람들의 만남이다 보니, 사람의 위로가 아닌 하나님의 위로를 받으며 사는 사람들의 만남이다 보니 웃음이 멈출 수 없고 행복하였다.

그래서 감격의 눈물을 흘리게 되고, 주님의 지시하심에 왔지만, 귀한 하나님의 종들을 만남에 오히려 내가 위로받게 된다. 기쁘고 반갑게 맞아 주시는 것만으로도 내게는 매우 큰 힘이 되었다. 40여 분 대화하고 기도한 후 5시가 넘어서야 일정이 마무리되어 한적한 곳에 앉아 시원한 커피 한잔하고 6시가 되어서 숙소로 들어갔다.

4월 22일에는 전국적으로 비가 온다고 예보가 나왔다. 새벽 4시부터 오후 6시까지 움직인 상태에서 또다시 운전할 수는 없어서 숙박하기로 했다. 내일 아침 9~10시 사이에 출발하기로 하고 좀 쉬었다. 씻고 나니 8시가 되었다.

다음 날 창밖에 비가 내린다. 전국적으로 비가 오는데 강한 비가 온다고 하였다. 숙소의 식당에서 간단하게 식사하고 9시 30분에 나와 서울로 돌아갔다.

모두~ 행복했으면 좋겠습니다
사랑하고 축복합니다

9차. 전남 소록도

오늘 소록도는 이국경 권사님과 이은자 권사님 함께 떠나는 순례이다. 소록도를 뒤늦게 가게 되었다. 가장 첫 번째로 가고자 생각하였던 곳이었다. 전남 신안군에 있는 비금도를 다녀오는 길에 소록도까지 다녀오려고 하였지만 시간이 여의치 않아서 갈 수 없었다. 결국 가장 늦게 방문하게 되었다. 과거보다는 환경이 많이 좋아졌다고 한다. 내가 방문한 소록도 중앙교회는 지난 5월 5일 담임 목사님께서 은퇴하시고 현재는 공석이며, 후임자를 구하는 중에 있다는 얘기를 들었다.

소록도에 도착하여 한 장로님께 전화했더니 지금 목사님 사택을 수리하는 중이라고 그곳으로 오라고 하셨다. 은퇴하신 목사님께서 16년 동안 거주하셨던 사택의 전기, 도매, 장판 등을 수리하고 계신다는 것이다. 그동안 수리도 한 번 하지 않고 계셨는데 이렇게 낡아 있는 줄 몰랐다. 사택이 숲속에 있는 듯 하였다. 지금은 담임 목사님이 공석이지만 머지않아 오실 것 같다고 하셨다.

사택은 아주 컸다. 35평은 되어 보였다. 장로님이 은퇴하신 목사님은 지난 16년의 세월 동안 이렇게 추운데 어떻게 사셨는가 모르겠다고 하셨다. 살림살이가 없고 전체를 보니 정말 힘들었을 것이 절실히 느껴진다는 것이다. 나무들도 보수 작업을 한 번도 하지 않아서 숲으로 우거져 있는 것을 보고 눈물을 흘렸다고 하셨다.

식당으로 가서 장로님께 식사를 대접하면서 이곳 섬에 들어와 목회하시는 것이 쉽지 않으니 새로운 목사님이 오시면 장로님이 많이 협력하고 도와주실 것을 부탁드렸다. 장로님이 잘하겠다고 말씀하셨다. 그리고 우리에게 소록도 섬 한번 구경시켜 주겠다고 하시면서 일반인들이 들어갈 수 없는 곳까지 드라이브해 주셔서 정말 감사하였다. 마지막으로 소록도 연합중앙교회에 들어가 기도하고 나와 헤어졌다. 그리고 장로님께 서울에 올라가서 은퇴하신 목사님과 사모님을 함께 만나 식사대접도 하고 선물도 드릴 것이라 말씀드렸다.

헤어진 후 서울에 올라와 지난 16년간 사역하신 목사님을 신촌의 한 식당에서 만나 간단한 식사를 하고 차를 마시며 대화를 나누었다. 나중에 만날 기회가 되면 다시 만나자 하고 헤어졌다. 목사님께 16년 동안 참으로 수고 많이 하셨다고 말씀 드렸다. 목사님은 사명이니까, 어디든 복음을 전할 수 있는 곳이라면 머물러야 하지 않겠냐고 말씀하셨다.

목회라는 것이 어느 지역에서든 힘들고 어려움은 누구나 같다. 좀 다른 것이 있다면 도시 목회자는 답답할 때 쉽게 밖에 나가서 힘든 마음을 여러 모양으로 다스리지만, 농어촌 사역자는 밖에 나가도 크게 갈 곳이 없는 답답함이 있다고 볼 수 있지 않을까 싶다. 그러나 행복과 기쁨의 척도가 어디에 있든 하나님 안에서 소망을 두고 살기에 본질적으로는 같다고 생각해 본다.

전남 소록도

마치며

성도들의 헌신적인 기도

어느덧 팔도 순례를 마무리하는 글을 올리게 되었다. 시작이 다가올 무렵에는 설레기도 하였지만, 한편으로는 마음의 긴장이 놓아지지 않았다.

필자는 직접 운전을 하며 순례에 길을 나서야 했기에 성도들은 외적으로 표현을 하지 않았지만, 하나님께서 붙들어 주실 것을 믿음에도 불구하고 연약한 인간인지라 염려가 있었던 것은 사실이었다. 염려한 부분에 있어서는 장거리 운행이었기 때문이었다.

그런데 성도들은 필자에게는 이렇다 저렇다 말하지 않고, 여전도회·남전도회 부서들에서 의논하여 "우리가 뒤에서 기도로 열심히 밀어야 한다"는 계획을 세워던 것이다. 그리고 내가 지방에 떠나는 날이면 변함없이 오전 오후 파트를 나누어서 열심히 헌신적 눈물에 중보기도를 하여 주었다. 그런 헌신이 있었기에 아무 사고 없이 무사히 모두 마칠 수 있음에 성도님들께 감사하지 않을 수 없다.

물질적인 협력으로만 끝나지 않고 눈물의 기도까지 하시면서 아침, 낮, 저녁까지 전화하시어 상황을 물으시는 성도님들도 계셨다. 참으로 행복한 일이다. 이러한 귀한 분들이 필자 옆에 계셨기에 오늘의 목회를 할 수 있었음은 부인할 수 없는 사실이다.

1. 팔도에서 목사님들을 만난 후 반응

목사님들께서 한마디씩 이구동성으로 하시는 말씀은 '어찌 내게 이런 일이 있을 수 있냐'라는 것이었다. 교회에서 성도들을 통하여 다양한 내용의 대접을 받는 것에는 그렇게 놀라워하지 않았을 것이다. 성도들이 목회자를 대접하는 일은 종종 있기 때문이다.

내가 느낀 것을 조심스러운 마음으로 언급한다면, 우리 목회자들은 아브라함이나 모세, 요셉 등의 인물들에게 하나님이 명하시는 것을 성경에 기록된 말씀으로, 또는 그 당시에나 있었던 일로만 생각하고 지금은 그런 일이 있지 않을 것으로 생각한다는 것이다.

강단에서 설교할 때 성경의 많은 이적과 기적의 내용을 믿으라고 성도들에게 말씀하면서, 정작 자신에게 한 목회자가 찾아뵙고 대접한 것에 있어 '어찌 내게 이런 일이 있다 말인가?' 하며 너무 놀라고 신기하다는 반응을 보였다.

그러나 어찌 성경의 내용이 오늘날에는 없겠는가. 사실 목사님들 입장에서는 놀랄 수밖에 없었을 것이다. 전혀 알지도 못하고 본 적도 없는 사람이 선물을 가지고 나타났다고 그저 웃을 수만은 없는 것이다. 나라도 이런 생각을 할 수밖에 없었을 것이다.

현재 한국은 경제 불황에 빠져있다. 한국뿐 아니라 전 세계가 경제 침체가 지속되면서 자영업자가 무너져 가는 실정이다. 특히 한국은 저출산으로 인하여 유치원, 초, 중, 고, 청년 세대가 붕괴해 가는 상황이며 이는 교회 역시 마찬가지다.

교회들이 문을 닫고 재정난으로 힘들어하고 있으며, 대도시든 소도시든 농어촌이든 상관없이 어려운 것은 마찬가지다. 교회 설립은 줄어들고 교회 문을 닫아야 하는 상황은 늘어가고 있는 때에 세상의 시선에서 표현하면 한 교회 목회자가 나타나 이것저것을 드리며 대접한다고 하니 놀랄 수밖에 없었을 것이다.

나 역시 하나님의 말씀이 있을 때 어찌하여 부족하고 연약한 나를 선택하셨는지 의문도 있었다. 그렇지만 기도할 때부터 무엇이든지 말씀하시는 대로 따를 것이니 말씀하여 달라고 하였으니 거부할 수 있겠는가. 그저 순종뿐이었다. 내가 뛰어난 믿음이 있어서도 아니고 월등하게 목회를 잘하고 있어서도 아니다.

나는 그렇게 생각한다. 나를 시험해 보시는 것이라고. 바울사도가 고린도 교회 성도들에게 말하였다. "너희는 믿음 안에 있는가. 너희 자신을 시험하라"(고후 13:5).

한 지역 한 지역 마치고 상경하여 이틀 정도 지나고 나면 목사님들이 전화나 문자를 보내신다. "목사님의 다녀가심이 큰 위로가 된다"라고 말씀하신다. 나는 말 한마디, 문자 하나에 또 다른 위로를 받으며 그저 감사하다는 마음뿐이다. 하나님의 역사하심은 어제도 오늘도 내일도 일어날 수 있는, 불가능한 일이 아니라 모두 가능한 일임을 의심치 않는다.

2. 2025년 5월 19~20일로 드디어 마무리

전국을 다니는 과정에 한분 한분 목사님들을 뵐 때마다, 마치 천국의 천사를 만나는 듯 기뻤다. 그러나 그분들을 향하는 내 마음 깊은 곳에는 늘 한마디가 자리하고 있었다. "미안합니다. 더 일찍 찾아오지 못해 죄송합니다."

지금까지 이분들을 위하여 기도 한마디 하지 않고 살아왔음이, 죄인 아닌 죄인처럼 느껴졌다. 나는 과연 헌신과 희생적으로 주님의 사역을 감당하여 왔는지 스스로에게 묻지 않을 수 없었다. 교회 안팎에는 어디서든 높은 자리와 명예를 추구하고 장이라는 자리를 얻을 때는 사람을 쉽게 무시하지 않던가. 이번 농어촌 교회 선교 순례를 통해 내 자신을 보았고, 목회에 새로운 도전을 받게 되었다.

특히 마지막으로 다녀온 곳은 특별한 지역, 소록도 섬이었다. 소록도에서 사역한다는 것은 결코 쉬운 일이 아니다. 찬송가 가사처럼 "부름받아 나선 이 몸 복음들도 가오리다. 아골골짝 빈 들에도 복음들로 가오리다"(찬 323장)라고 고백하며, 뒤도 돌아보지 않고 앞만 보고 가야 하는 곳이 아닌가 하고 조심스럽게 표현하게 된다.

사역이 힘든 곳 중의 한 곳이다. 무엇보다 이곳의 사역은 고립된 사역이라 볼 수 있다. 완전히 인간적 위로는 생각할 수 없는 사역이다. 이곳의 교회 성도는 100%가 나병환자이기 때문이다. 하루에 사역 일과는 위로로 시작하여 위로로 끝나게 된다. 전혀 움직이지 못한 분들은 병원에 계시기에 병원 심방으로 위로하고, 비교적 건강하신 분들은 개별 주택에서 생활하시므로 가정 심방으로 위로의 사역을 하신다.

도시에서는 하루 일과의 사역을 마치고 동역자든 가족이든 친구든 만나서 맛있는 음식과 차를 나누고 서로 위로받고 위로하고, 함께 웃고 기쁨과 눈물을 나눌 수 있다. 그러나 이곳의 사역은 그렇지 못하다. 부부끼리만 위로하고 위로받고, 현실적

눈으로 보이지 않는 하나님과 기도로 위로받을 수밖에 없다. 연약한 인간인지라 사람의 위로도 필요함을 배제할 수는 없다.

내가 소록도를 방문하기 전에는 담임목사님이계셨다고 들었다. 그런데 방문했을 때는 목사님이 일주일 전에 은퇴하셔서 공석이었고, 시무 박 장로님이 교회를 관리하고 계셨다. 후임 목사님이 아직 정하여지지 않아 오시기 전에 사택을 수리하여 맞이하시겠다고 분주하게 움직이고 계셨다.

지금은 다리가 잘 놓아져 교통수단이 잘 되어 있지만, 과거에는 고흥 선착장에서 배를 타고 소록도를 들어갔다. 농어촌은 사역은 농번기에는 그냥 앉아 성경만 볼 수 없기에 농사일을 거들어 드리면서 복음을 전하셨다. 각자 사역지에서 나름의 어려움과 힘든 과정, 열악한 환경이 있다.

모두 마치고 다음 날에는 쉬면서, 그동안 다녀온 교회들을 하나하나 떠올렸다. 그러자 눈물을 흘리지 않을 수 없었다. 다녀온 며칠간은 그분들이 사역하시는 모습이 꿈에까지 나타나 기도 하였다.

3. 전국 팔도 순례를 마치고

처음에 시작할 때는 언제 모두 다닐 수 있을까. 까마득하다는 생각이 들었다. 2024년 9월 2일 전라남도 신안군의 섬 비금도부터 시작하여 2025년 5월 19일까지 장장 9개월의 기간을 거쳐 마무리하였다. 어렵고 힘든 과정이 있었지만, 하나님의 계획하심으로 진행한 일이었기에 무탈하게 모든 과정을 마쳤음에 눈물이 앞을 가린다.

내가 가장 뼈저리게 느끼고 아픈 것이 있었다. 물론 신문, 방송 등등을 통하여 늘 접하고 상황을 인지하고 살아왔지만 더 심각하게 느끼게 된 것은 이번에 전국 팔도를 다님을 통해서다. 도시에서 저출산의 문제를 드러나게 알 수 있었던 것은 유치원 단독건물이 하루아침에 철거되고 주택이 건축되는 것, 이곳저곳 어린이집, 학원, 산부인과 등등의 상황을 눈앞에서 보면서다. 참으로 심각하다고 느꼈다.

교회마다 주일학교 아이들이 급속히 줄어들고, 중, 고, 청년부가 멈춰지는 상황이었다. 코로나의 영향도 있었다. 3년간 코로나19로 인하여 젊은이들이 교회를 떠나는 추세였다가 코로나가 멈추었음에도 젊은이들은 교회로 돌아오지 않았다. 일부만 교회로 돌아와 예배 생활을 회복하였다.

그런데 농어촌은 정말 심각하다는 현실을 더욱 직감하게 되었다. 교회마다 상황은 많이 어려웠고 힘든 상태에 머물러 있었다. 그나마 하나님께서 부르신 소명이기에 그 사명을 감당하고자 험난함을 견디는 목회자들을 볼 때 눈물을 흘리지 않을 수 없었다.

몸은 버티고 미소를 짓고 있었지만, 마음 깊은 곳은 지쳐서 쓰러지기 직전이었다. 목회를 계속해야 하나, 이제 멈추어야 하는 건 아닌지 걱정하면서도 목회를 이어 나가는 목사님들의 말씀을 듣다 보면 이게 사명이요, 부르심에 순종하여야 한다는 강한 의지와 기도와 말씀을 느끼며 이를 견디는 모습에 감동하게 되었다.

농어촌 오지의 목회 사역에서는 목회자로서의 권위나 대접은 없었다. 도시와 농촌에서 사역의 같은 점은 모양과 색을 다르지만 위로하고 함께 울고 웃는 것을 통해 사역자와 비사역자의 관계를 이루어야 한다는 것이다.

특히 농어촌 목회는 동네 주민과 함께 지내며 할 줄 모르는 농사의 노동을 함께하여야 한다. 논일, 밭일, 농기구 사용법을 배워 도움을 주면서 복음을 전해야 한다. 그러한 노동 상황에 들어가지 않으면 관심에서 벗어날 수밖에 없기에 농사일을 도와야 한다는 것이다.

동네에 들어서면 사람이 보여야 하는데 사람들이 없다. 조용하고 한산하다. 과연 농어촌 교회가 얼마만큼 버틸 수 있을까 싶다. 내가 생각하기에는 앞으로 10년이 채 되기 전에, 조심스러운 표현이지만 소멸의 위기에 놓였다고 볼 수밖에 없는 실정이다.

농어촌 교회들이 소멸 위기에 있다고 하여 도시 교회가 안전한가 하면 그렇지 않다. 도시에서 목회하는 목회자 역시 힘들고 어렵기는 똑같다. 대형 교회라고 걱정이 없는 것이 아니며 중, 소형, 이제 개척하여 얼마 되지 않은 교회들, 자립하지 않은 교회 역시 걱정은 똑같다.

130여 년 전에 처음 복음이 들어왔을 때 많은 선교사가 목숨 걸고 복음을 전하였기에 오늘날 대한민국 교회들이 급성장하여 21세기에 이르러 많은 영혼을 구원하는 큰 일을 행하였다. 그 당시에는 먹을 것, 입을 것, 거처 등 모든 것이 부족하고 어려웠다. 그래서 교회에 가서 하나님께 기도하고 눈물을 흘리며 위로받았고, 목사님이 손을 붙잡고 기도하며 위로의 말씀 한마디 해주는 것이 큰 힘이 되었기에 교회를 즐겨 찾았다. 말씀 한마디만 들어도 아멘을 힘차게 외치던 성도들이 있었지만 지금은 다르다. 쉽게 마음의 감동을 받지 못한다.

말씀이 홍수를 이루고, 인터넷, 방송 등 여러 가지 방법으로 말씀을 날마다 들을 수 있다. 성경을 읽지 않더라도 24시간 들을 수 있다. 그런데 정작 믿음은 자라지 않는다. 홍수처럼 말씀이 쏟아지지만, 먹을 것이 없다. 현대인들은 편리주의, 자기중심주의를 바탕으로 신앙생활을 하고 있다.

지금은 먹을 것이 부족함이 없는 시대에 살고 인간관계보다 인터넷을 선호한다. 요즘은 과학이 발달하여 AI를 통해 그와 말하고 얘기를 나누는 시대이다. 꼭 교회 가서 예배드릴 필요가 없다는 사고를 하고 있기에 교회를 멀리하는 추세이다. 도시는 인구는 많지만 이런 문화와 환경으로 변하고 있기에 사람들이 교회에 오지 않는다. 대형 교회도 오랜 세월 동안 신앙생활을 해오던 어르신들이 주를 이루고 있다.

4. 과연 복음을 전하는 목회란 무엇인가

간단히 말씀드린다면, "부름을 받아 나선 이 몸 어디든지 가오리라"는 찬송가 고백과 같습니다. 목회란, 춥고 배고프고, 광야에 홀로 놓아져 있더라도 죽음을 각오하고 복음 전파에 헌신과 희생을 다하는 일입니다.

한 영혼이 예수님을 영접하여 영원한 생명을 얻기를 간절히 바라며, 한치의 소홀함도 없이 게으름과 나태함을 경계해야 합니다. 어떤 일보다도 복음 전하는 일을 삶과 생활의 중심에 두고, 주님의 부름에 순종하여 걸어가는 과정입니다.

그러다 어느 날 한 사람이 예수님을 영접하면, 세상의 모든 것을 다 얻은 듯 기쁘고, 천국의 기쁨까지 누리는 것처럼 마음이 벅차오릅니다. 그 한 영혼이 신앙의 성장과 성숙으로 자라

온전한 천국 백성이 되도록, 목회자는 어떤 어려움과 고난도 감수하며 전진해야 가야합니다.

목회자는 어떤 상황과 여건 가운데서도 세상 사람들처럼 벗들과의 친교가 소중하고 귀함을 알지만, 복음 사역이 먼저이기에 교회에서의 목회자라는 자리를 비울 수 없다. 가끔 후배 목사님들이 제게 묻곤 합니다. "목사님! 목회는 어떻게 해야 잘 할 수 있을까요?"

제가 무슨 해줄 말이 있겠어요. 한마디한다면 "내 자리를 잘 지켜야 한다"는 말뿐입니다. 혼자 새벽, 주일, 그 외 예배를 드린다 할지라도 낙심하지 않고 예배드리는 마음가짐이 중요하다고 생각합니다. 그것에 곧 하나님께 영광을 드리는 목화라고 생각하게 된다.

5. 목회는, 성공과 실패가 없다.

믿든 믿지 않든 간에 사람들은 외형적인 것을 보고 성공 여부를 평가한다. 목회자 사이에서도 그렇다. 대형 교회를 이루는 것이 진정 성공이겠는가. 소박한 작은 공간에서 하나님의 성전을 이루고 예배드리며 하나님을 섬긴다고 실패인가?. 교인 수가 많으면 성공이고 소수이면 실패의 목회인가? 그렇다면 우리 하나님도 그렇게 평가하실까?

하나님이 거하시는 교회와 목회자가 성공이요, 진정한 교회요, 목회자일 것이다. 성전이 작고 성도 수가 적은 것이 실패라면 우리 하나님이 실패자인가? 우리 예수님께서 이 땅에 오시어 공생애를 시작하시기 전 12명의 제자를 선택하여 부르셨다. 그들의 직업은 어부, 세리, 의사 등으로 다양하였다.

건물과 재정과 성도 수를 기준으로 성공과 실패를 말한다면 농어촌 오지의 목회자들은 90%, 아니 100%가 실패한 목회자라 말할 것이다. 이것 또한 도시에서도 마찬가지이다. 그렇다면 우리 하나님께서 실패하신 것이다. 진정한 참 목회는, 참믿음, 자신을 비움, 거짓을 버리고 양무리를 진심으로 사랑하며 눈물로 양육하는 것이 아닐까 싶다.

현대 목회자들의 모습을 보게 된다. 명예, 경제, 외형적 화

려함, 이웃 교회가 건물을 지으면 많은 빚을 지더라도 우리 교회도 지어야 하는 경쟁적인 목회가 되어 버렸다. 이웃 교회에 비젼 센터가 있으면 우리 교회도 있어야 하고 기도원이 있으면 우리도 있어야 하고 카페가 있으면 우리도 있어야 한다고 만들어 놓는데 목회는 세상의 일과는 달리 이웃 교회와 경쟁을 이룰 수 없다.

하나님으로부터 소명을 받았기에 죽도록 충성하고 천국 복음을 전하는 일에 열정을 쏟고 소명을 다하여야 함이 가장 중요하다. 목회는 경쟁이 아니다.

6. 전국 팔도 30개 교회 방문 후 기록

왜 내게 농어촌 오지에 있는 하나님의 종들을 찾아가 위로하고 대접하라 하셨는지 생각해 보았다. 내가 방문한 교회 목사님들의 90%는 연로하고 사역을 마쳐야 하는 기로에 서신 분들이었다. 그뿐만 아니다. 인구 감소로 성도는 거의 없이 부부끼리만 예배드리기도 하고 정리하는 중에 계신 분도 태반이었다. 그리하여 하나님께서 그분들을 찾아가 그동안 수고 많았다는 위로와 대접을 하게 하신 것 같았다.

반면 30~50대의 목회자들에게는 위로를 통하여 목회에 힘을 낼 수 있게 하기 위한 것이 아니었다 싶다. 농어촌에 다니면서 인구 감소가 얼마나 심각한지 보았다. 출산율 저하도 심각하지만, 자녀 교육을 위해 농촌에 머물지 않으려고 하는 실태로 인해 젊은이들이 떠나다 보니 시골에는 빈 주택이 많았다.

이번 농어촌 교회를 방문하고 목사님들을 만나면서 하나님께 감사할 뿐이었다. 너무나 보람찼다. 순전히 하나님의 크신 은혜가 아니면 할 수 없는 일이었다.

부록 1

농어촌 순례 설교

찬송 384장 <나의 갈 길 다 가도록>

나의 갈 길 다 가도록 예수 인도하시니
내 주안에 있는 긍휼 어찌 의심하리요.
믿음으로 사는 자는 하늘 위로받겠네.
무슨 일을 만나든지 만사형통하리라.
무슨 일을 만나든지 만사형통하리라.

나의 갈 길 다 가도록 예수 인도하시니
어려운 일 당한 때도 족한 은혜 주시네.
나는 심히 고단하고 영혼 매우 갈하나
나의 앞에 반석에서 샘물 나게 하시네.
나의 앞에 반석에서 샘물 나게 하시네.
나의 갈 길 다 가도록 예수 인도하시니
그의 사랑 어찌 큰지 말로 할 수 없도다.
성령 감화 받은 영혼 하늘나라 갈 때에
영영 부를 나의 찬송 예수 인도 하셨네.
영영 부를 나의 찬송 예수 인도 하셨네.

앞서 행하시는 하나님

신 1:28~33

"너희보다 먼저 가시는 너희의 하나님 여호와께서 애굽에서 너희를 위하여 너희 목전에서 모든 일을 행하신 것 같이 이제도 너희를 위하여 싸우실 것이며"

(신 1:30)

본문에 우리 하나님께서 우리보다 먼저 가신다고 말씀하고 있습니다. 피조물인 우리 인생들은 자기가 하나님보다 앞서 가면서 자기가 원하는 방향으로 하나님이 따라오셔야 한다고 생각합니다. 항상 본인의 감정에만 충실하지 타인의 감정은 생각하지 않습니다. 그래서 하나님 앞에서도 하나님이 원하시는 것은 없고 자기가 원하는 것만 주장함이 강합니다.

이스라엘 백성들도 그렇습니다. 광야 40년을 걷는 동안 심지도 가꾸지도 않았지만, 40년간 먹었고 옷이 해어지지 않았고 신발도 닳지 않았습니다. 목말라할 때 하나님이 물을 주셨습니다. 가로막고 있는 홍해에 길을 내어주신 기적, 많은 이적과 기적을 체험하며 왔는데도 불구하고 사람의 말을 더 신뢰하고 자신의 감정대로 판단하여 결론을 냅니다.

이스라엘이 가나안땅에 들어가기 전에 각 지파에 한 명씩 12명을 보내어 그 땅이 어떠한지 정탐하고 보고하게 하였습니다. 그들 중 10명이 부정적인 보고를 합니다.

"우리는 죽었다. 우리는 그들의 밥이 될 것이다."

그리고 나머지 두 명은 "아니다. 그들이 우리의 밥이다. 왜? 하나님이 우리에게 주신다고 한 땅이기 때문에 걱정할 필요가 없다. 포도 한 송이를 등에 메야 하는 거야. 하나님이 주신다고 하셨는데 왜 걱정하는 거야?" 하는 것입니다.

그렇습니다. 그래서 모세는 백성들을 향하여 말합니다.

"지난날 하나님께서 아비가 자기 아들을 안음같이 광야에서 너희를 안아 주셨다. 하나님은 우리 앞서 행하시는 하나님 아니시냐."

그렇습니다. 하나님은 우리 앞서 행하시는 분이십니다. 우리를 실패케 하시는 분이 아니라 승리케 하시는 분이심을 우리는 믿어야 합니다. 우리는 어떤 상황에도 '두려워하지 않는 그리스도인'이어야 합니다.

신명기 1장 28~29절에서 모세는 백성들에게 두려워 말라고 권고합니다. 현대를 살아가는 우리 성도들 역시 하나님께서 항상 함께하심을 믿는 믿음을 가지고 살아가야 할 것입니다. 그것이 바른 믿음이요. 하나님을 온전히 믿고 따르는 것이요, 두려워하지 않는 신앙인의 삶이 되는 것입니다.

1. 우리 앞서 행하시는 하나님이 계시기에(21, 30절)

백성들은 가나안 땅을 바라보며 두려워하고 있습니다. 한 번도 가보지 않은 땅, 듣기로는 적들이 우글거리는 땅, 위험과 전쟁이 기다리고 있는 땅이기 때문입니다. 하나님께서 이스라엘 백성들에게 이 땅을 주시겠다고 약속의 땅으로 정하여 놓고 가라 하셨으니 가면 됩니다. 그러나 이들은 애굽으로 갈까, 가나안으로 갈까, 우리가 어디로 갈꼬 하며 망설이고 있습니다.

그들도 하나님이 주신 땅을 좋아하기는 하였지만(25). 그러나 좋아하는 것과 실제 믿고 바라보고 올라가는 행함과는 다릅니다. 정탐해 보니 난관이 있습니다. 그냥 되는 것은 아무것도 없습니다. 우리가 할 일은 믿고 순종하면 되는 것입니다. 그러나 백성들은 '올라가기를 원하지 않고 하나님의 명령을 거역'합니다(26절). "우리가 어디로 갈꼬" 하고 망설이며 우유부

단(28절)한 모습으로 일관하며 하나님을 믿지 못하고 땅이 꺼져라 걱정하며 모세를 원망하기에 바쁩니다. 스스로 과소평가하며 이 땅을 주신다고 약속하신 하나님을 원망할 뿐입니다(27절).

"너희의 하나님 여호와께서 이 땅을 너희 앞에 두셨은즉"

(신 1:21)

하나님께서 우리에게 좋은 상을 차려 놓고 먹으라고 하십니다. 현재도 미래도 함께하시는 주님을 믿고 앞으로 나아가기를 축원합니다.

2. 앞서 행하시는 하나님만 따라 가면 됩니다(30절)

내가 아무리 밤잠을 자지 않고 걱정하고 염려한들 키를 한자나 더하겠습니까. 내가 앞서려고 할 때 오히려 문제는 커집니다. 하나님을 앞세울 때 새로운 역사가 펼쳐지게 됩니다. 오늘 내 인생이 여기까지 올 수 있었던 것은 하나님께서 항상 친히 주관하셨고 앞서 행하셨기 때문입니다. 우리 교회는 지금 해야 할 큰 숙제가 앞에 놓여 있습니다. 바로 농어촌 선교입니다.

주님의 지시를 받았다고 멈추어 생각만 하게 되면 인간적인 계산으로 할까 말까 머뭇거리며 일은 시작도 못 할 수 있습니다. 즉, 우리를 향하신 하나님의 계획과 축복을 놓치고 맙니다.

2024년 9월 2일이면 전남 거리 400여km를 새벽부터 달려갑니다. 다음 일은 우리가 생각할 필요 없습니다. 하나님께서 하시는 일이기 때문입니다. 우리는 순종만 하면 되는 것입니다. 난 개척 당시 겨우 400만 원밖에 없었습니다. 만 5년간 하나님께 기도하게 하셨고 이제 개척을 시작하라고 하셔서 계약한 후 26일 만에 보증금 3천만 원과 모든 성물이 완벽하게 준비되었습니다.

하나님께서는 이스라엘 백성을 가나안 땅으로 인도하시기 위해 그들 앞서 행하신다고 말씀하고 있습니다(30). 친히 그들의 길을 인도하시는데 악인들이 나타나면 보호하시고 싸워도 주셨듯이 여전히 그렇게 하시겠다는 것입니다. 그러니 우리는 두려워할 필요가 없습니다. 하나님은 내게 속삭이십니다.

“내가 너와 함께할 것이다.”

하나님이 앞서 행하십니다. 나의 사방으로 지키시는 하나님이 계십니다.

3. 하나님은 친히 우리를 보호하심(31, 33절)

하나님께서 나의 모든 일에 있어 앞서 행하심을 온전히 믿으십시오. 마음으로 믿고 입으로 시인하십시오.

1) 하나님께서는 사람이 자기 아들을 안음같이 우리를 보호해 주신다고 말씀하십니다(31절).

2) 미래에도 하나님의 보호는 계속됩니다. 하나님은 온전히 믿고 따르는 자와 늘 함께하십니다. 전적으로 하나님을 믿고 의지하는 자에게만입니다.

"너 근심 걱정 말아라. 주 너를 지키리. 주 날개 밑에 거하라. 주 너를 지키리. 주 너를 지키리. 아무 때나 어디서나 주 너를 지키리. 늘 지켜주시리"(찬송가 384장).

하나님이 우리와 함께하여 약속의 땅으로 인도하시기 때문에 미래에 대하여 두려워하지 말아야 합니다. 우리 앞서 행하시는 하나님이 나와 함께하시기 때문입니다.

여러분, 회사에 매일 출근한 이유가 무엇입니까? 한 달 되면 봉급을 준다는 것을 확실히 믿기에 의심하지 않고 일합니다. 아프면 병원에 가서 나의 치부를 드러내고 의사 선생님께서 보입니다. 치료하여 줄 것을 믿기 때문입니다. 그리고 처방전을 받아 약국으로 가서 약을 삽니다. 약사가 처방전대로 치료 약을 줄 것을 믿기에 복용합니다. 믿지 못하면 진료받지도 약을 먹지도 못할 것입니다. 반드시 주님이 나와 함께하시어 승리의 깃발을 높이 들도록 도우십니다.

"두려워하지 말라. 내가 너와 함께함이라. 놀라지 말라.
나는 네 하나님이 됨이라. 내가 너를 굳세게 하리라.
참으로 너를 도와주리라.
참으로 나의 의로운 오른손으로 너를 붙들리라"
(사 41:10)

의의 오른손으로 붙드시는 주님이 앞서 행하심을 믿으시기를 주님의 이름으로 축원합니다.

내가 너와 함께하리라

수 1:1~9

"내가 네게 명령한 것이 아니냐. 강하고 담대하라.
두려워하지 말며 놀라지 말라. 네가 어디로 가든지
네 하나님 여호와가 너와 함께 하느니라 하시니라"
(수 1:9)

"사랑하는 자여. 네 영혼이 잘됨 같이 네가 범사에 잘되고
강건하기를 내가 간구하노라"
(요삼 1:2)

하나님이 함께하시므로 이러한 축복이 계속 이어집니다. 주님은 모세와 24시간 함께하여 주셨기에 백성들을 인도하며 험난한 광야를 걸을 수 있었습니다. 사실 모세 옆에서 늘 함께하며 하나님의 놀라운 능력을 봤음에도 불구하고 여호수아는 두려움이 있었습니다. 왜?

1. 지도자라는 부담이 있었습니다

모세는 하나님을 대면하던 사람이었습니다. 하나님은 모세

에게 엄청난 능력을 주셔서 애굽의 바로 왕도 모세를 하나님처럼 생각했습니다. 하나님은 모세를 통해서 홍해를 가르셨습니다. 마라에서는 쓴물을 단물로 변화시켰고 물이 필요할 때는 지팡이로 반석을 쳐서 물이 나오게 했던 사람이 모세입니다. 아말렉과 싸울 때는 손을 들고 기도만 했는데 이스라엘이 승리했습니다. 그 외에도 어마어마한 기적과 능력이 나타났던 사람입니다.

이러한 모든 내용을 여호수아는 옆에서 지켜보았음에도 불구하고 부담을 안고 있었습니다. 이것은 인간의 연약함 때문입니다. 우리 인생사의 모든 일은 내가 하는 것 같지만 결코 내가 하는 것이 아니라 하나님이 하고 계십니다.

두려워하는 것은 자기 생각과 판단, 감정에 이끌려 가기 때문입니다. 이제 여호수아가 모세의 뒤를 이어서 지도자가 되는데 자신은 모세처럼 할 자신이 없으니 당연히 두려웠을 것입니다. 그래서 하나님께서 여호수아의 그러한 마음을 충분히 공감하시기에 "두려워하지 말라. 내가 너와 함께함이니라." 말씀하신 것입니다. 지지하고 격려와 위로를 하십니다. 오늘 우리도 어떤 일에도 두려워하지 말고 하나님을 의지해야 합니다.

2. 완악하고 강퍅한 백성들의 행위를 보았다

모세가 사역할 때, 이스라엘 백성들은 틈만 나면 모세를 원망하고 대적했습니다. 심지어 모세를 돌로 쳐서 죽이려고까지 했습니다. 그런 이스라엘 백성이 여호수아가 지도자가 된다고 하여 변할 수 있는 것은 아닙니다. 여호수아는 완악한 백성들의 행위를 오래도록 보아 왔기 때문에 여러 모양으로 생각하여 보아도 걱정이 앞서고 두려움이 있을 수밖에 없었습니다.

인간으로서는 도저히 이해할 수 없는 사건을 무수히 접한 여호수아는 그들의 원망과 강퍅한 마음을 어찌 다 수용하고 지도자가 될 수 있단 말인지 한숨이 나왔습니다. 지금도 그렇습니다. 나의 잘못된 삶도 불행도 타인이나 배우자에게 잘못을 전가하는 경우가 많습니다. 이스라엘 백성과 다를 바 없는 것입니다. 원망과 불평, 그 모든 것은 결국 심은 사람이 거두게 됩니다. 우리는 긍정의 씨앗을 심어야 할 것입니다.

3. 가나안 원주민 7 족속과 전쟁해야 한다

여호수아의 막중한 사명은 이스라엘 백성들과 가나안에 입성하여 일곱 족속을 모두 없애고 그곳에 정착하는 것이었습니다. 가나안 족속들은 매우 강했습니다. 가데스 바네아에서 정탐을 다녀온 사람들의 보고를 보면, 이스라엘 백성들은 그들 앞에 메뚜기 같은 존재였습니다. 이제 여호수아는 그들의 본거지로 들어가서 싸워야 합니다. 이런 여러 상황은 여호수아로 두려워하게 하였습니다.

절망의 마음은 인생행로에 전혀 도움이 되지 않습니다. 믿음과 소망을 갖고 전진하면 반드시 뛰어넘을 수 있는 능력을 주님께서 넉넉히 주십니다. 그가 절망하고 있을 때 하나님은 그에게 말씀하십니다.

"강하고 담대하라. 놀라지 말라. 네 하나님 여호와가 너와 함께하느니라"

여호수아는 하나님 말씀에 의지하여 가나안 정복을 성공리에 마쳤으며 이스라엘 백성들은 애굽에서의 종살이 400여 년, 광야 노숙 생활 40년을 완전히 청산하고, 꿈에 그리던 젖과 꿀

이 흐르는 땅 가나안에 정착하여 살게 됩니다.

여호수아에게 말씀하신 하나님은 지금도 우리에게 말씀하십니다.

"강하고 담대하라. 두려워하지 말며 놀라지 말라.
네가 어디로 가든지 네 하나님 여호와가 너와 함께하느니라"
(수 1:9)

이 말씀에 여호수아는 용기를 내었고 소망을 가져 새롭게 출발하였습니다. 절망의 모퉁이는 소망의 길로 통하는 전환점이 됩니다. 왜냐하면 주님이 함께하셔서 결국에는 소망의 길로 인도하시기 때문입니다.

나의 목자이신 하나님

시 23:1~3

"여호와는 나의 목자시니 내게 부족함이 없으리로다"

(시 23:1)

이 고백을 하려면 한 가지 조건이 있습니다. 그건 바로 우리가 어린아이의 마음을 가져야 한다는 것입니다. 즉, 순수한 마음을 가질 때 부족함이 없다고 고백할 수 있습니다. 어른의 마음으로 보면 인간의 삶은 부족한 것이 많습니다. 더 벌어야 하고 더 가져야 하며 더 높은 명예를 이루어야 합니다. 인간에게 만족은 없습니다. 채워져도 더 진행형입니다.

그러나 어린아이의 마음으로 보면 이런 것이 다 필요 없습니다. 엄마가 부자인지 가난한지 아무 상관 없습니다. 곁에 엄마만 있으면 아이는 안정감을 느낍니다. 이런 마음이 바로 '부족함이 없으리로다.' 하는 마음입니다.

정말 우리 주님을 자기의 참 목자로 믿고 그분을 따를 것인지 자신을 깊이 들여다보십시오. 나를 사랑하시는 하나님의 능력을 믿고 나를 살리시고 이끄시는 능력의 주님을 의지하며 살아야 합니다. 우리는 어디서 만족을 누리고 세상 무엇에 기대려 하고 세상 무엇으로 위로받으려 합니까? 우물가의 여인은 비록 가진 것 없어 가난하고 손가락질당하는 위치였기에 뜨거운 대낮에, 인적인 드물 때 우물가에 물 길으러 왔지만, 예수님을 만났을 때 메시야인 줄 알아보았습니다.

"이 물을 마시는 자마다 다시 목마르려니와
내가 주는 물을 마시는 자는 영원히 목마르지 아니하리라."
(요 4:13~14)

여자는 물과 물동이를 버려두고 동네에 내려가 메시야를 만났다고, 와보라고 하면서 예수님(복음)을 전하였습니다.

인간적인 욕심을 버리고 진정으로 주님의 은혜를 받고자 갈망하십시오. 주님의 음성을 듣게 될 것이며 듣는 순간 "여호와는 나의 목자시니 내게 부족함이 없으리로다." 고백하게 됩니다. 다윗은 거짓과 인간적인 욕심이 없는 진실 된 마음에서 이 고백을 하였기에 하나님으로부터 인정받는 성군이 될 수 있었고 말로 형용할 수 없는 축복을 받았습니다.

바울 사도 역시 하나님의 은혜를 입고 나니, 범사에 감사하고 항상 기뻐하였으며 감옥에서도 쉬지 않고 감사 기도를 드리고 빌립보 교회 성도들에게도 그렇게 권면하였습니다. 이것이 믿음이요. 주님 안에 있는 자입니다.

1. 진정한 나의 목자는 오직 하나님

다윗은 정말 파란만장했던 자신의 지나온 날들을 돌아보면서, 하나님을 향한 깊은 깨달음과 하나님을 향한 신앙고백을 이 시를 통해 잘 표현하고 있습니다.

"여호와는 나의 목자시니 내게 부족함이 없으리로다"

(시 23:1)

이 고백이 가장 근본적이요, 가장 중요한 고백입니다. 다윗은 하나님과 자신의 관계를 표현할 때, 하나님은 자신의 목자, 그리고 자신은 하나님의 양으로 표현합니다. 우리가 잘 아는 대로 다윗은 이스라엘의 왕이기 전에 어린 시절 골리앗 장수를 무찔렀던 용맹한 장수였습니다. 게다가 다윗은 음악을 연주하고 시를 쓰는 다재다능한 사람이었습니다.

다윗은 하나님이 '영혼을 소생시키시고 의의 길로 인도하신다'라고 찬양합니다. 자기가 미숙하고 무지하여 '사망의 음침한 골짜기로 다닐지라도 해를 두려워하지 않을 것은 주께서 나와 함께 하심이라. 주의 지팡이와 막대기가 나를 안위하시나이다'(4절)라고 고백합니다. 사망과 두려움의 문제를 극복할 수 있는 큰 믿음은 참 목자이신 하나님을 온전히 신뢰하고 믿을 때 얻습니다. 믿음이 없이는 하나님을 기쁘시게 하지 못합니다(히 11:6). 굳센 믿음으로 참 목자이신 하나님의 은총 안에서 행복과 풍요와 평안을 누리십시오.

2. 참 목자 안에 거할 때 평안이 있다

다윗은 자신을 연약하고 미련한 양과 같이 작은 자라고 표현합니다. '여호와는 나의 목자'라서 자기는 부족함이 없다는 것입니다. 이 고백에서 다윗은 한 나라의 왕이지만 자신의 권력으로 자만하지 않으며 매우 겸손하였고 하나님을 전폭적으로 의지하는 사람임을 알 수 있습니다. 자신은 연약하고 미련한 한 마리 양의 불과하다고 말하며 자기에게 아무런 힘이 없음을 시사하고 있습니다. 인간적으로는 힘 있는 사람임에도 불구하고 말입니다.

"그가 나를 푸른 풀밭에 누이시며
쉴 만한 물가로 인도하시는도다."
(시 23:2)

목자는 계절에 따라 어디에 가면 풀이 많고 적은지 파악하고 있습니다. 그래서 양은 목자만 믿고 앞에서 인도하는 대로 따라가면 되는 것입니다. 이처럼 하나님이 앞서 행하시어 누이시고 먹이신다고 확신에 찬 신앙고백을 하고 있습니다. 주님은 무엇을 먹을까 무엇을 마실까 염려하지 말라고 하셨습니다.

"내가 잡혀 있는 자에게 이르기를 나오라 하며
흑암에 있는 자에게 나타나라 하리라. 그들이 길에서 먹겠고
모든 헐벗은 산에도 그들의 풀밭이 있을 것인즉"
(사 49:9)

어떤 상황에서도 주님을 온전히 믿을 때 두려움은 사라지고 오히려 악한 것들이 도망갑니다.

3. 내 영혼을 소생시키시는 참 목자이신 나의 하나님

"내 영혼을 소생시키시고 자기 이름을 위하여
의의 길로 인도하시는도다"
(시 23:3)

소생시키셨다는 것은 양이 목자의 인도를 따르지 않고 곁길로 갔을 때, 목자가 양을 찾아가서 다시 제 길로 돌아오도록 하였다는 것입니다. 양은 목자의 음성은 잘 들을 수 있지만 눈이 어두워 잘 볼 수 없습니다. 그러나 양이 항상 그런 것은 아닙니다. 목자의 음성을 듣다가도 귀를 막고 안 들을 때가 있습니다. 목자의 인도를 받다가도 그 인도를 따르지 않고 세상으로 나아가 길을 잃고 헤맬 때가 있습니다.

"우리는 다 양 같아서 그릇 행하여 각기 제 길로 갔거늘
여호와께서는 우리 모두의 죄악을 그에게 담당시키셨도다"
(사 53:6)

다윗은 깨달았습니다.

“고난당하기 전에는 내가 그릇 행하였더니
이제는 주의 말씀을 지키나이다”
(시 119:67)
“고난당한 것이 내게 유익이라 이로 말미암아
내가 주의 율례들을 배우게 되었나이다”
(시 119:71)
“자기 이름을 위하여 의의 길로 인도하시는도다”
(시 23:3)

즉, 곁길로 간 나를 의의 길, 평안한 길로 인도하신다는 것입니다. 이 길이 가장 좋은 길, 가장 복된 길임을 믿습니다. 때로는 고난이 있기에 거부하고 싶을 때도 있고 때로는 이탈하여 다른 길로 가고 싶지만, 하나님은 우리를 가장 바른 길, 의의 길로 이끌어주심을 믿고 따라야 합니다.

“진리를 알지니 진리가 너희를 자유롭게 하리라”
(요 8:32)

부록 2

나의 목회와 삶

1) 필자는 현재 서울의 한 작은 교회를 섬기고 있는 목회자이다

어떤 목회자들처럼 특별한 방법과 은사를 가지고 목회하지는 않는다. 다양한 영적 은사와 달란트를 가지고 있지만 그 은사를 중심으로 목회하지는 않고 가끔 사용한다. 간식거리로 사용한다. 아주 보편적이고 무난한 목회라서 극성스럽지도 않다. 처음부터 지금까지 특별하게 다르지 않다. 모든 교회에서 하듯 말씀 가르치고 기도하는, 기본적인 것을 충실하게 하고 있는 매우 작은 목사이다. 은사와 달란트가 있으니 은사 집회를 할 만도 하지만 꼭 필요하다고 할 때만 사용하고 그 외에는 사용하지 않는다.

하나님께서 보잘것없는 나를 쓰겠다고 부르실 때 나는 목회하지 않겠다고 고집을 부리기도 하였다. 그저 한 교회에서 전도사로 사역하면서 담임 목사님을 잘 보필하며 사역에 열중하겠다고 하였지만 하나님은 강력하게 나를 개척하게 하셨고 오늘에 이르기까지 목회하게 하셨다. 무엇 하나 특별하다고 말할 수 있는 부분은 없다. 하나님의 부르심에, 거절할 수 없도록 강력한 부르심에 순종하여 신학을 하고 목사가 되어 어언 30년이 넘는 세월 동안 말씀사랑교회를 섬기며 오늘에 이르게 되었다.

모든 목사에게 그러하듯 목회는 광야요, 어느 때는 사막과도 같다. 물 한 모금 없는 곳, 더워져도 더위를 피할 수도 없는 곳이다. 그래서 그저 혼자라고 생각에 잠길 때가 있다. 세상 속에 나 혼자 덜렁 남겨진 것 같다. 세상에 수많은 사람이 있지만 오직 나만 있는 것 같은 광야.

이집트로 성지 순례를 가서 시내산 정상을 등반할 때, 밤 12시에 출발하여 5시쯤 정상에 올라 동쪽에서 빨간 태양이 올라오는 걸 보며 간절히 기도드린 적이 있다. 한밤중의 등반이라 겨우 손전등 하나를 의지하여 한 발 한 발 조심스럽게 걸었다. 잘못하면 낭떠러지로 굴러떨어질 수도 있기에 좌우를 볼 틈도 없었다. 본다고 한들 무엇 하나 보이지도 않는다. 칠흑같이 어두운 바윗길엔 나무 하나 보이지 않았다. 날이 밝았을 때야 참 험난한 바위산을 올라왔구나 싶었다.

목회가 바로 이런 과정이 아닐까. 싶다. 외롭고 고독한 길, 천국의 소망이 없다면 당장이라도 손을 놓고 싶은 심정일 때가 많았다. 오직 하나님만 바라보고 나아가야 하는 것이 목회 아니겠는가. 성도는 아무리 잘해줘도 자기가 싫으면 싫은 것이다. 쉽게 외면하고 등 돌리게 되어 있다. 이타적일 때보다 이기적일 때가 많기 때문이다. 성도는 언제든지 나를 떠날 수 있지만 나를 그들 곁을 결코 떠날 수가 없다. 나를 아프게 하든 슬프게 하든 고통에서 허우적거리게 되든 그들과는 상관이 없는 일이기 때문이다. 성도의 문제를 하나 해결하고자 식음을 전폐하고 기도한 후 해결되어도 성도는 감사해하지도 않는다. '내가 하라고 했나 목사님이 하셨지.'라고 할 뿐이다. 그러다 성도의 위로 한마디가 내 귀에 들려올 때면 "이런 성도가 있었나!" 하게 된다.

오직 하나님의 위로와 사랑으로 버티는 것이 목회자의 삶이다. 사실 낙심만은 아니다. 그 가운데 교회와 목회자를 위하여 수고와 헌신을 아끼지 않는 파트너를 붙여 주셨기 때문이다.

2) 교회 개척

나는 단독 목회를 원하지 않았다

목사가 되는 것도 원치 않았다. 오직 하나님의 강권적인 인도하심에서 진행되었다. 그래서 하나님께 땡강 아닌 땡강을 부렸다. 강권적으로 인도하신 하나님께 나는 조건을 걸었다. "그러면 교회 전세를 주시고 성전 안에 필요한 모든 비품도 부족함 없이 주십시오. 그러면 하겠습니다. 개척교회라고 오시는 분들이 가난하거나 부족하다고 느끼지 않도록 허락하여 주십시오."

나의 월세방 보증금 300만 원은 드리기로 하였고 교회 개척할 때 쓰려고 한 푼 두 푼 저축한 100만 원까지, 가진 것이라고는 모두 400만 원뿐이었다. 그런데 하나님께서 개척하라고 하시니까 땡강 아닌 투정을 부렸다.

그런데 정말 기적과 같은 일이 일어났다. 어디서 오는지 날아오고 있는 것이다. 26일 동안에 교회 전세금 3천만 원뿐 아니라 이곳저곳에서 여러분이 와서 교회 비품을 해주신 것이다. 감동의 눈물을 흘리지 않을 수 없었다. 교회 개척 당시 지하 30평에서 두 명으로 시작하였다. 당시 20대 초 이은자 성도는 은행에 재직 중이었고, 20대 후반 박미상 성도는 의료보험 공단에 재직 중이었다. 내 인생에서 두 분은 지울 수 없고 멀리 둘 수 없는 귀한 존재이다. 함께 웃고 울고 마음을 나눈 귀한 사람들, 언제나 진실함과 성실함이 영육 간의 균형을 이루는 삶을 함께 살아왔다 하여도 과언을 아니다. 이 세상에 존재하는 모든 것을 다 잊고 기억하지 못한다고 할지라도 이 두 분만큼은 내 기억에서 지워지지 않을 것이다.

2) 개척한 지 어언 9년이 되었다

항상 하나님께 성전을 건축할 수 있게 해달라고 기도하였다. 목회 만 9년 되었을 때 2층 단독건물을 매입하게 하셨다. 한 달 동안 인테리어를 하고 성전으로 꾸몄다. 2000년 12월 12일 역촌동에서 현재 교회가 있는 녹번동으로 이사 왔다. 그리고 지금부터 10년 안에 새롭게 성전을 건축할 수 있게 하여 주시길 기도했다. 반드시 되리라 믿고 쉬지 않고 끊임없이 기도하였다.

3) 개척 때부터 지금까지 변함없는 나의 동역자들

평신도로서 교회를 섬기고 목회자를 옆에서 보필하는 것은 쉽지 않다. 때로 화를 내기도 하고 대화하는 중에 다투는 문제가 발생하기도 한다. 그뿐만이 아니다. 교회에서 주방, 청소, 사무적인 일, 목회자에게 필요한 재정 등의 일을 묵묵히 감당하며 옆에서 보필하는 한 사람이 있다.

이은자 권사

지금은 교회에서 권사로서 직무를 수행하고 있다. 세월이 흘러 이제 50대가 되었다. 세월의 흔적이 여실히 보인다. 흰머리를 하나씩 볼 때마다 몹시 미안한 마음이 든다. 변화의 흔적을 대할 때 나는 소리 없이 눈물을 흘리게 된다. 이분은 나의 목회에 든든한 버팀목이었음을 배제할 수 없다. 위로의 말을 하지 않아도 나의 위로와 힘이 되었기 때문에 날마다 감사하다는 말이 내 마음에서 넘친다.

나는 이은자 권사님에게 빚진 자라 생각한다. 한없이 미안하고 고마울 뿐이다. 어쩌다 의사 충돌이 생겨 잠깐 다투는 일이라도 생기면 나는 뒤돌아서 울 수밖에 없었다. 항상 고맙고 미안하고 감사하다고, 하루에도 늘 내 마음에서는 말하고 외친다. 내게 지금 죽음이 다가와 임종의 시간이 된다면 그에게 꼭 이 말만은 하고 싶다. "그동안 내 곁에서 목회의 동역자로, 때로는 벗으로, 때로는 사모 같은 역할을 해주어서 정말 고마웠고 행복했다. 수고 많이 했다"라고 말하며 주님 나라에 입성할 것 같다.

은행원이었다. 신실한 은행원, 회사에서도 업무에 탁월하다고 인정받는 직원이었다고 한다. 이은자 권사님은 내가 시무 전도사 시절에 만났던 사람이다. 내가 개척하면 따라가 교회에서 열심히 봉사하겠다고 말하던 대로 따라와서 정말 많이 수고하고 애썼다. 처음 시작하는 목회자라 부족한 것도 많았던 나는 방 한 칸 제대로 있지 않았다. 깊은 지하 성전 한쪽에 방을 만들어 사무실 겸 사용하다가 당시 이 선생이 방을 얻어 줘서 지하방에서 나와 햇빛을 보며 생활할 수 있는 방에서 지내게 되었다. 그래서 나는 더욱 빚진 자라고 말하고 싶다.

당시 그의 나이는 20대 초반이었는데 참 착하다. 현재 우리 교회에서 천사라는 별명이 붙었다. 나와 잠깐 다투다가도 교회 성도님들을 만나게 되면 언제 짜증을 냈는가 할 정도로 표정 관리를 매우 잘한다. 나도 배우고 싶다. 어찌 보면 자기감정 관리를 매우 잘하는 사람, 즉 본인 마음을 매우 잘 다스릴 줄 아는 사람이다.

옆에서 든든히 함께하여 주는 사람들이 있었기에 30년을 넘게 지금의 목회를 할 수 있었던 것은 부인할 수 없는 일이다.

박미상 권사

박미상 권사는 내가 20대 때 한 교회에서 신앙생활을 함께하였던 한 사람이다. 성가대, 청년부, 주일학교 교사로 신앙생활을 열심히 하였다. 공기업에 재직하고 있었다. 지금은 60대 초반인데 부장으로 재직하다 이제 퇴직하였다. 내가 20대 때 한 교회에 출석하며 좋은 인간관계를 갖고 있다가 다른 교회로 이동하였지만 늘 소통을 이어갔다. 그러다 내가 개척한다고 하면서부터 지금까지 나와 함께하여 오고 있다. 개척을 함께한 든든한 나의 목회 동역자와 같은 분이다.

진실, 성실 자체였다. 변함이 없고 남에 관하여 말하지 않는 묵묵하고 긍정적인 마인드를 가지고 신앙생활을 하신 분이다. 작은 것 하나라도 남의 것을 탐내는 분도 아니시다. 언제나 내 목회에 힘을 주는 분이다. 내가 죽는 그날까지, 아니 천국에서도 잊을 수 없는 분이다.

늘 재정을 감당하고 여러 가지 교회 직분을 맡아 수고하여 애써준 친구 같은, 나의 목회에 큰 힘이 되어준 버팀목과도 같은 사람이다. 지금은 본 교회의 시무 권사로 직무를 수행하고 있다. 지금 60대 초반이다. 그의 이름 뒤에 붙을 수 있는 부사가 주어진다면 정직과 신실일 것이다.

거짓이 없다. 묵묵히 말없이 하나님께 영광을 드리며, 자기에게 주어진 일에는 책임감이 강하고 빈틈이 없으며, 남의 것은 조금이라도 자기 것으로 추구하려고 하지 않는 사람, 여러 가지 직분을 맡아도 그것을 충실히 감당하여 가는 권사님이다. 보기만 해도 위로가 되고 힘이 생겨서 목회의 탄력을 잃을 수가 없었다.

지금 내가 임종을 앞두고 마지막 한마디를 한다면 두 분 박미상 권사와 이은자 권사의 손을 꼭 잡고 "그동안 너무 고맙고, 감사했으며 수고 많았습니다."라고 말할 것이다. 그렇게 말한 후 편안하게 눈감을 것 같다.

이 두 분은 개척 당시부터 지금까지 주일에 빠진 적이 거의 없다. 특히 이은자 권사님과 이장환 장로님, 아들 유니아 가족이 교회를 위해 수고하심 뿐 아니라 개척 당시 이은자 권사님은 용돈과 먹을 것과 방을 마련하여 주기도 하셨다. 몇 자 글로만이라도 "미안하고 고맙습니다."라고 전한다. 언제나 모든 일에 자신들의 가정에서 일하는 것 이상으로 헌신을 다하였기에 고맙다는 말을 남기고 싶다.

그리고 교회 개척 후 초창기부터 현재까지 교회 일이면 항상 수고하신 부부가 있다. 유성식 장로님과 박명자 권사님이다. 주님을 위하는 일이라면 재능을 아끼지 않으시며 땀을 흘리셨다. "감사합니다."

물론 이분들뿐 아니라 모든 성도님께 감사하고 고마운 것은 사실이다. 한순간도 교회의 모든 분께 감사하지 않은 날이 없다. 귀한 성도들이 없었다면 오늘의 우리 교회가 존재할 수 없기 때문이다. 서로 협력하고 서로가 배려하고 지금까지 교회 안에서 다툼이나 분쟁이 없음을 하나님께 감사드린다.

하나님께서는 수십, 수백의 위로자가 있어야 일을 시행하시는 분이 아니다. 소수에서 일을 수행하고 이루시는 분이 우리 하나님 아니신가. 예수님께서 12명의 제자를 구성하시어 복음 전파를 시작하셨듯 말이다. 하나님께서 교회 일에 많은 사람을 통해서 일하시는 것이 아니라 소수의 사람을 통하여 일하심은 부인할 수 없는 일이다.

교회의 어린 소년(예명;이유니아)

이 소년은 이은자 권사님 아들이다. 어느 해 생일 때였다. 초등학생(4학년쯤일까) 소년이 생일 카드에 그런 글을 써서 내게 주었다.

"목사님! 생신 축하드려요. 늦어도 너무 늦게 드리네요. 목사님께 웃는 일만 있었으면 좋겠어요. 그리고 건강하세요."

난, 여기서 생각하게 되었다. '왜, 이 아이가 내가 웃었으면 좋겠다고 하지? 이 아이 앞에서 고민하며 심각한 모습을 하였나? 아! 교회 건축하면서 웃지 않고 깊이 생각하고 걱정하는 모습을 보였겠구나' 싶었다. 생일 카드 내용 중에 나는 그 웃는 일만 있었으면 좋겠다는 말이 위로가 되었다. 어린아이의 한마디 말이지만, 물론 매일 하나님의 말씀으로 위로받기에 오늘도 목회에 전념할 수 있지만 쉴 새 없이 감사할 뿐이다. 이 시간 이 글을 써 내려갈 수 있음도 감사할 뿐이다.

어느덧 그 소년이 대학생이 되고 입대하였다가 병장으로 만기 전역하였다. 복학하며 학과를 공부하는 과정에 행정고시를 준비하여 대학 4학년 재학 중 26세에 나이에 이번 2025년 5급 행정고시에 합격하였다. 내년이면 사회생활의 첫발을 내딛게 된다. 아주 성실한 청년이다.

성도 한 사람 한 사람에 관한 내용을 모두 기록할 수 있으면 좋겠지만 모든 분께 감사하고 고마울 뿐이다. 각자 본인들에게 주어진 일들은 잘 수행하여 준다.

2007년, 성지 순례 3개국

첫 번째 이집트에 있는 시내산 정상을 오르기 위해 밤 12시에 길을 나섰다. 손전등 하나 의지하고 해발 2,400m의 험산 바위산을 올랐다. 5시간 정도 산길을 올라 정상에 도착하자마자 하나님께 감사 기도를 드리고 일어나 동쪽을 바라보니 저쪽 바다 끝에서 찬란한 태양이 떠오르고 있었다. 그 순간에도 난 기도하였다. 이왕이면 주님 성전을 건축할 수 있게 하여 달라고. 하나님께서는 그 기도를 외면하시지 않으시고 정확하게 이사 온 지 10년이 되기 전 2010년 8월 19일 착공의 길을 열어주시어 3층 건물을 건축하게 하셨다. 나는 연약하고 부족한 존재였지만 그때그때 합당하게 응답하시고 축복하시어 건축하게 하신 하나님께 눈물 없이는 감사할 수 없다.

4) 성전 건축

성전 건축하는 과정은 만만치 않았다. 공사하는 과정에 소음은 당연히 있지만 어디서도 민원은 발생하지 않았다. 그런데 시공사가 힘들게 하였다. 공사를 20여 일 동안 멈추기도 하고 소송당하고 소송하고 고소하는 일도 생기고.... 참 울지 않으려 하였지만 눈물이 절로 나왔다. 고장 난 수도꼭지에서 물이 쏟아지듯 눈물이 하염없이 흘렀다.

건축하다 보니 경찰서나 법원에 가는 일이 발생하기도 하였다. 특히 조적 분야 사장, 아시바 사장 일용직이 "하도급 사장님께 돈을 받아야 하니, 이곳에 와서 일하는 것 목사님이 보았으니 여기 사인해 주세요."라고, 사인 해주면 하도급 사장님을 소송하여 그동안 일 하였던 부분에 임금을 받을 수 있다고 하기에 서슴없이 사인하여 주었는데 그것 때문에 내가 사기꾼으로 소송을 당하고 말았다. 지금도 사인하는 것에 있어 강한 트라우마가 있다.

어렵게, 힘들게 교회 건축을 마치고 2011년 3월 준공이 났으며, 그리고 당년도 5월 7일 토요일에 드디어 입당 예배를 하나님께 드릴 수 있었다. 참으로 은혜가 풍성한 가운데 하나님께 영광과 찬양를 올려드렸다.

그리하여 50대 접어들어서 웅장하지는 않지만 아담하게 3층 건물로 성전을 건축할 수 있었다. 이 모든 것이 하나님의 인도하심과 역사하심이 없이 이루어졌겠는가. 지금도 하나님의 성전 외벽과 내부를 어루만지며 하나님께 감사 기도를 드린다.

30년 넘게 목회하는 과정에서 많은 어려움과 시련도 있었고 장, 단기 금식도 많이 하였다. 40일, 33일, 30일, 21일, 7일, 3일.... 이러한 금식 기도로 사역에 매진하여 여기까지 왔다.

여기까지의 삶과 목회에 오직 하나님께 영광을 드릴 뿐이다.

이 책을 출판하기까지 물질양면으로 협력과 헌신으로 수고해 주신 성도님들께 진심으로 감사드립니다.

나는 하나님 나라의 택배 기사

초판 1쇄 인쇄 2026년 01월 12일
초판 1쇄 발행 2026년 01월 22일

지은이 박사라
펴낸이 황성연
펴낸곳 한국문서선교회
출판등록 NO.2020-000012호
주문처 청우(열린유통)
주 소 경기도 파주시 광탄면 혜음로 883번길 39-32
전 화 031-947-7777
팩 스 0505-365-0011
ISBN 978-89-8356-317-0 03230
편집자 황인애

농어촌 선교후원 계좌

국민 879601-01-305200 말씀사랑교회